A hely

Amit mindig is kerestél,
és tudtad is, hogy lehetséges

Gary M. Douglas

ACCESS CONSCIOUSNESS PUBLISHING

Eredeti cím: The Place
Második kiadás
Szerzői joggal védett © 2013 Gary M. Douglas
Az első kiadást kiadta: Big Country Publishing 2011
Access Consciousness Publishing
www.accessconsciousnesspublishing.com

A hely
Szerzői joggal védett © 2020 Gary M. Douglas
ISBN: 978-1-63493-479-4
Access Consciousness Publishing

Borító fotó: Stephen Outram

Belső design: Anastasia Creatives

Angolról fordította: Takács Linda

KÖSZÖNETNYILVÁNÍTÁS

Dona Haber – kiváló szerkesztő, aki felfogja azt, amit igazán csinálok.

Külön köszönet Dain Heernek, Simone Milasasnak, Nancy O'Connernek, Wendy Hartnak és Vanitha Subramthiannak.

Köszönet Stephen Outramnek, aki létrehozta a lenyűgöző weboldalt és a könyv borítóját, ami megszólal, és ő egy olyan ember, aki oly módokon hozzájárulás számomra, amikről nem is tud!

Külön köszönet minden nőnek a múltamból, akik megtanítottak arra, hogy mi lehetséges, minek kellene lennie, és mi az, ami nem létezik.

ELSŐ FEJEZET

A hogy átjöttem a fenyőerdőn, süvített körülöttem a szél, s az 57-es Thunderbirdöm motorjának morajlása kellemes emlékeket idézett fel bennem azokról az időkről, amikor az élet lassabb volt, és nem a technológia számított az élet forrásának.

Eltelt két óra, és nem láttam egyetlen autót sem az Idahoba vezető úton. Miért Idaho? Már nem tudom, oly sok év emléke előjött a múltból, a csend, a nyugalom, a fenyők, a hangtalan patakok, és az, amikor megálltam a semmibe vezető kereszteződésnél, és csak a lágy szellő dallamai hallatszottak, valamint egyetlen madár és a motor pattogása. Ez egyike volt azon mély pillanatoknak, amikor szárnyal a lelked, megnyílik az elméd, és a tér intenzitása egy olyan belső békét tükröz, ami elillan tőled, amikor visszatérsz a repülők, vonatok, autók és a szűntelen zsibongás világába.

Az azóta eltelt évek tele voltak olyan dolgokkal, amiket megfelelőnek tartunk az életben. A házasság – a gyönyörű sötét hajú, vicces, nevető lány, aki eltűnt a normális élet hosszú éjjelein – azok az elmebajos kísérletek arra, hogy olyanok legyünk, mint mások, ami megfojtja a lényt, beleforgatnak minket abba, hogy hibáztassuk magunkat azért, hogy igazán soha nem illeszkedünk be, de mindig annyira keményen próbálunk normálisak lenni.

A gyerek – az édes ígéret, hogy majd jobb lesz a világ, mert ő, mint Jézus, megmenti a világot, vagy legalábbis a miénket. Mekkora teher ez ilyen kicsi, puha vállaknak. A mosoly gyógyít; az élet öröme csökkenti az ugyanolyanság agóniáját és monotonitását, amint az élet feladatai elfojtják saját örömöd.

A válás – minden nap meghal az, amit egymásban szeretünk, azzal, ahogy belekényszerítjük önmagunkat a homályos munkánk dobozába, az „igaz világ, valódi világ, valós élet" önámító vérontásába, és az álmok, a lehetőségek, az öröm egy olyan múltba sodródnak, amit mások valótlannak, hülyének, elmebajosnak, reménytelennek és csak egyszerűen rossznak neveznek.

Most, ahogyan vezetek, az erdő, a patakok és a szél megáldanak az energiájukkal és az ítélkezésük hiányával, átölelnek az árnyak, illatok, fények ajándékaival, és az élettel való elégedettség tündöklik bennük.

Letérek az útról néhány bozótos fűznél, ahol nyilván már mások is megálltak előttem, az elhaladásuk hulladékai olyanok, mint a törődés bizarr hiányának, és a szépség és csend ostoba semmibevételének testamentumai. Valószínűleg ezek ugyanazok a nagyszerű emberek, akik elmennek kempingezni az erdőbe, és magukkal viszik a zenelejátszó és sör kultúrájukat a csend vidékére, hogy eloszlassák a térűrt, hogy behatárolják az éberséget és elviselhetővé tegyék az élet hiányát.

Ülök az autóban, említettem már, hogy a tetejét otthon hagytam? Az időjárás alakítja majd a pihenésem. Ahogy ott ülök, a csend oly' módon kezdi el megnyugtatni elcsigázott lelkem és testem, amit azóta nem tapasztaltam, mióta legutóbb erre jártam. Kinyitom az ajtót és kicsusszanok az autóból, előttem egy lusta patak és egy homokos part, kibújok a ruháimból és lassan a vízbe sétálok. Elég hűvös, még így a nyár végén is. A libabőrök elárulják, hogy még élek; a szikla felé sétálok néhány lábnyira lemerülve a felszín alatt. Ahogy ott ülök, az ágyékomba áramló hideg víztől megbotlok és beleesek a vízbe. Ugyanazzal az örömmel jövök fel, mint amilyennel a kisfiam játszik a hullámokban vagy a medencében. Hirtelen hiányzik a mosolya, a puszijai, és mikor az ölelések előtt mondja, hogy „Apa, annyira szeretlek", majd játékokat kér. Ülök a sziklán, és patakokban folynak könnyeim az arcomon.

Ahogyan a patak csendje és békéje átölel engem és a testem, végre azt érzem, tartozom valahova, valahogyan, valamilyen módon, a feszültség elkezd eloszlani, és az apró halak elkezdik harapdálni a testszőrzetem, mintha ez lenne a következő étkezésük. Számomra ez egy olyan érzékelés, amit elzártam, hogy ne kelljen éreznem a marcangoló tudását annak, hogy képesnek kellene lennem élvezetet találni az ösztönös, érzéki perverzitásban, amit a testek élveznek. A könnyek, melyek sót csepegtetnek ebbe az édes patakba, amik, mint az igazi élet, a legkönnyebb és áldott módon kígyóznak, mintha semmi és senki nem élne a lármás világ választásoktól mentes menüjében, a menüben, ahol túl sok választás van azért, hogy semmilyen választást ne tegyünk valóssá és olyanná, mint az élet. Hirtelen a nem választás hülyesége utat tör a kirobbanó nevetésnek, ami létrehozza az éberséget arról az egységről, hogy én is a természethez tartozom, és részese vagyok az élet folyamának, és annak, hogy ez és én ugyanazok vagyunk. Mindig is úgy éreztem, hogy különálló vagyok és egyedül vagyok, és végre tudom, hogy tartozom valahova, és hogy a fájdalom, amit önmagamtól nagyobbként éltem meg, valójában őrült hülyeség, hogy nagyobb mint én, hogy igazán elhiggyem, hogy nincs választásom.

Most mi legyen? Ülök ezen a csodálatos helyen és pihenek, és engedem, hogy a múlt a vízbe mosódjon. Csendesen, a patak sarkánál egy vadkacsa úszkál, és a cuki kiskacsái követik, mint az édes élet halk felsorakozása, ami annyira közel áll hozzám. Ülök a saját teremmel, ami nagyobb, mint valaha lehetségesnek tudtam, és ezek az édes lények nem fenyegetésként látnak engem. Úgy tűnik, hogy a szagom nem hiba többé, és felém közelednek; a kicsik kíváncsian néznek és közel jönnek, hogy megnézzék, mi vagyok. A patakban lebegő kezeim hirtelen olyasvalaminek tűnnek, mint ahol érdemes landolni, és a legagresszívabb kiskacsa a kezemen landol, kis karmaival biztonságért csipkedve. Az apró fájdalom semmi ahhoz képest, amilyen fájdalmat nagyobbá tettem annál, hogy az életet válasszam. Nevetés tör elő egy olyan helyről, amiről nem is tudtam, hogy létezik, egy helyről, ahol nem vagy képes elkülönülni, vagy megítélni azt, hogy hol érek véget én és hol kezdődnek mások.

Az anya kacsa repül, a bébik toll nélkül zseniálisan csapkodnak, és nagyszerűen ügyetlenkednek, szükségesnek tartva azt, hogy elmeneküljenek ettől a furcsa lénytől, aki örömében túl sok zajt csap.

Miután elmennek, kiemelem a testem az édes hűvösségből, ami valahogyan lehetővé teszi, hogy minden jobbnak látszódjon, és az autóm felé haladok.

A zamatos nap és a simogató szél szárítani kezdik a testem. Felveszem a nadrágomat, ami hirtelen túl szűknek tűnik a patakkal való és patakként való áramlás szabadsága és öröme után; felveszem a pólómat, és hirtelen éber leszek arra az érzésre, hogy az izmaim simogatásra vágynak újra, hét év után először.

Bemászok az autóba és beindítom, újra élvezem ennek az édes öreg szépségnek a morajlását, ami mindig a bőségnek és szórakozásnak olyan ajándéka, amit a mai napig csak a vezetéstől kaptam meg. A mai nap valódi ajándéka az, hogy valahogyan megtaláltam azt az önmagamat, amiről tudtam, hogy illene léteznie, de nem létezett.

Újra az úton, keresztül hajtok a lenyugvó nap tarka fényein, észreveszem a madarak hangjait, amit kiszűrtem az éberségemből a patak előtt, és felismerem, hogy a szellő, a szél, a fák illata társául szegődik a nyár szárazsága és a lehulló levelek és aromás föld finom komposztja, s arról szólnak, hogy mennyire ide tartozom.

Ahogyan a nap eltűnik a magas és elegáns fák mögött, és enyhülni kezd a hőmérséklet, a jazzre gondolok, ami valaha hasonló kedvesség forrása volt a lelkemnek, és a kesztyűtartóhoz nyúlok, ami rejtekhelye a legjobb minőségű hangtechnikának, amit csak azért szereltem be, hogy idegesítsem a feleségem, és előveszek olyan CD-ket, amik illenek ahhoz a hangulathoz, amiről biztos vagyok, hogy az új kezdete az életemnek. Ahogy vezetek, a sötétség finom leple rám telepedik, és a fényszóró válik a teljes térré és idővé. A percekből órák lesznek, és én még mindig vezetek.

Időnként elhalad mellettem egy-egy autó, pillanatokra be-be ugrik egy nagyobb kép, egy múltat idéző villanása a be nem befejezett, de megtapasztalt napnak.

A CD egy olyan panaszos üzenettel ér véget, mintha én is elértem volna egy ismeretlen befejezéshez. Nyúlok egy másik CD-ért, és leejtem a padlóra – a fenébe, gyűlölöm, mikor ezt csinálom – az utas oldali padló felé nyúlok, keresem, amit nem látok, megtalálom és felülök. Előttem a reflektorfényben ott van egy ötpontos bak, megdermedve.

Kanyarodok, hogy ne üssem el, és semmi más nincs az autó előtt, csak hatalmas sziklatömbök, nem tudok hova menni, beletaposok a fékbe, az autó a perem mellett csúszik a kavicsokon, majd a korlátnak ütközök, és belecsúszok a sziklákba, és a szakadó fém csikorgása és a mellettem lévő ajtó reccsenése után az autó a feje tetejére áll, és a testem, ahogy a sötétségbe hasít és a hátamra érkezek a kemény és ádáz természetben, a lélegzetem ki van téve a sötétség erejének, ami elfedi az elmém valami olyan elől, amit nem bírok érezni.

Fájdalmas sikítással hirtelen tudatában vagyok a rám ragyogó félhomálynak. Ez az egyik megmaradt fényszórója a megcsonkított szépségemnek, az autónak, ami az utolsó reménye és ígérete volt valami másnak. Egy erőtlen segélyhívást károgok. Az egyetlen válasz az, hogy a tücskök és éjjeli bogarak elhallgatnak, és egy bagoly huhog a távolban. Itt az ideje felmérni a dolgokat. Oké, tudattalan voltam. Az autóm távol van az úttól. Csak egy lámpa ég, és az is elég halványan, szóval lehet, hogy sokáig ki voltam ütve. Fölöttem van az út, szóval ha bárki is elmegy itt, fog látni? A hátamon fekszem, mit tudok mozgatni? A bal karom szabad, és mozog a kezem, a jobb úgy tűnik, hogy valamibe beragadt, és el van zsibbadva, de fáj, próbálom mozgatni, és ahogy kicsúszik a testem alól, a fájdalom növekszik és újra beborít a sötétség.

Kinyitom a szemem és a fényszóró fénye még halványabb, mennyi idő alatt merül le az aksi, és mennyi ideje vagyok itt?

Letettem az órám, amikor az életem széthullott. Kinyúlok a jobb kezemmel, és a könyökömnél van egy három hüvelyk vastag facsemete. Ha ezt elérném a bal kezemmel, akkor talán fel tudnám magam húzni az út felé tartó töltésig. Kinyúlok a bal kezemmel, a fájdalom szinte elviselhetetlen, de eldöntöttem, hogy többet nem ájulok el, tehát nem teszem. Megragadom a fát, és húzom magam, ahogy csak bírom, a testem elkezd fordulni, és ekkor elsötétedik minden, ennyit a döntésemről.

Újra felébredek, az autó fénye már csak egy melegnek és gyengének látszó izzószál. Nos, legalább arccal lefelé vagyok, még úgy is, hogy tele a szám kavicsokkal, hirtelen rájövök, hogy nagyon régen ettem már. Kinyújtom mindkét kezem, keresek valamit, amivel felhúzhatom magam a töltésig. Van egy kicsi bokor a jobb kezemnél. Megragadom és húzom, s a bokor kiszakad a töltésből. Keresek a bal kezemmel valamit – semmi. Rendben, akkor mindkét kézzel a földbe túrok és húzok, a talaj enged és a testem sehova nem megy. Kérlek, valaki találjon meg, kérlek Istenem, engedd, hogy valaki eljöjjön értem. Lenyűgöző, hogy a tehetetlenség idején milyen vallásos tudok lenni.

Ideje megpróbálni a lábaimmal kezdeni valamit, lassan felhúzom a jobb lábam, vagy legalábbis az agyam ezt mondja, de valami történik. Kérlek, hadd jöjjön valaki, aki segíthet. Újra megpróbálom, húzok a kezeimmel, a lábujjaimat a földbe mélyesztve tolok, elborít a sötétség, és édes karjaiba visz.

Egy édes, apró kezet érzek, illúzió vagy a fiam próbál felébreszteni valami rossz álomból? „Segítségre van szükséged, Uram?" Ebből az apró hangból van még egy a másik oldalamon, duplán szól a hangjuk… „Uram, szeretnéd, ha segítenénk neked?"

„Honnan jöttetek, gyerekek?"

„A helyről, ahol minden lehetséges."

„Elmennétek segítségért, kérlek?"

„Természetesen, uram." Összhangban válaszolnak, mintha sztereóban szólna ugyanaz a hang a fejem két oldaláról.

„Szeretnél menni?" – mondja a jobb oldali. „Miért nem te mész?" – mondja a bal oldali. „Tudod mit, jobb, ha mindketten megyünk" – mondja a jobb oldali. „Ó, igen, mert tudod, mire lesz szükségük" – mondja a bal oldali. „Ó, igen" – mondja a jobb. Egy apró kéz a harmadik szememre ereszkedik, és a gyerek édes hangja ezt mondja: „Most aludj, uram, visszajövünk a nővérünkkel és a bácsikánkkal, csak aludj, aludj", és hirtelen, szinte varázsütésre újra a sötétség áldozata vagyok.

Újra felébredek, a kora reggeli köd megszűri a fényt, a hátamon fekszem. Felnézek a leggyönyörűbb kék szemekbe, ami egy napsugárral csókolt, régi istenek áldásával ellátott ragyogó arcon van. A mosolya és az aggodalom teljes hiánya nála valahogy nagyon megnyugtatóak. „Ki vagy?" – kérdezem.

„Ruth a nevem, mint a Bibliában." Az akcentusa valahogy furcsa és egyben ismerős is. Egy olyan hippi ruhában van, amit a hatvanas években láttál, hosszú, felül szűk és a mell alatt bővül. Ahogyan mozog, a ruha anyaga lebeg utána, a gyönyörű test lehetősége furcsa emlékeket kísért.

Lépteket hallok a kavicsokon, és egy nagy mackó ember felém hajol, a lehelete olyan édes gabonára emlékeztet, amit a lovakkal etetnek.

„Na hát, haver, nem vagy a legjobb formában. Hogy kerültél ide ebbe a felfordulásba a semmi közepén?"

Elkezdek emlékezni arra, ami történt, a zene, a CD, aztán a szarvas és a fém szakadása, és hogy próbálok mozogni, és mit mondjak? Hol kezdjem? Aztán az életemre gondolok, és az öbölre és a kacsákra, és...

„Nos, ez jó sok minden rövid idő alatt, de most el kell mozdítanunk innen, és ez egy kicsit fájdalmas lehet, szóval..." És a hatalmas bőrkeményedéses keze a harmadik szemem felé közeledik és újra átölel a sötétség.

MÁSODIK FEJEZET

A napfény átszűrődik a függöny résein, s elviszi az alvás iránti vágyakozásom, inkább azért sóvárgok, hogy kimehessek, és a levegőre, ami simogatja a testem. Oh ember, milyen jó lenne most futni egyet... és utána egy pillanat alatt bevillan az egész baleset, és elkezdődnek a kérdések. Körülnézek a szobában. Tiszta, tündöklő, a nagypapám tanyasi házára emlékeztet. Először egy hosszú házikó volt egyetlen szobával, amihez az évek során annyi mindent építettek, hogy inkább volt viktoriánus ház, mint tanyasi. Ennek még mindig olyan érzése van, mint a kezdeti nagy szobának, biztos, hogy egy gerendaház, de nem túl új, nem úgy, mint azok az előre legyártott házak, ebben különböző méretű gerendák vannak, kézzel faragottak, hogy az oldalak szimmetrikusak legyenek.

Úgy tűnik, hogy a régi viktoriánus bútorok olyanok, mint amik az 1860-as évekből vannak, és az ágy nagyon kicsi, talán, mint egy kisebb franciaágy. Az ablakon a függönyök olyan tarka mintásak, amiket senki nem használ, régi idők közhelye ez. Lehet, hogy ez a hely egy ilyen hajdani férfi farm vagy tábor. Hallottam már ezekről, csak még soha nem voltam a közelükben. Keresem a TV-t, ami minden jó helyen van, de itt nincs. Lehet, hogy az a házrészben van. Telefon, talán van telefon. De kit hívnék fel? Az exem csak annyit kérdezne, hogy miért bajlódtam a túléléssel, a fiamat pedig nem akartam megijeszteni. Azt hiszem ez nem releváns. Lenézek a lábaimra, amik nem túl jól működtek még néhány órája – vagy napokkal vagy hetekkel ezelőtt? Hirtelen rájöttem, hogy megállt az idő, amikor megláttam a szarvast, és fogalmam sincs, hogy mikor, hol és hogy vagyok.

Kitárul az ajtó, az ősréginek látszó zsanér csak alig nyikorog, ahogy belép a szobába. A tálca gőzölgő valami úgy ragadja meg a figyelmem, mint az otthon jelzőfénye az éhes kismadaraknak, a nyálképződésem nagy sebességre vált.

„Helló, jól emlékszem, hogy Ruth a neved?"

„Igen, Jacob Rayne, így van." Fura, nem emlékszem, hogy megmondtam volna neki a nevem, de gondolom a jogosítványomban látta.

„Igencsak éhesnek tűnök, mióta vagyok itt?"

„Hét napja, amit leginkább a gyógyulással töltöttél, és többnyire nem választottad, hogy ébren és eszméletednél legyél. Ne aggódj, ilyen súlyos sérüléseknél ez így van." Honnan a fenéből tudta, hogy aggódok? Valami nagyon furcsa itt.

Néztem a gyönyörű arcát, amit körül vett puha arany haja, és ahogy közeledett felém, intenzíven éber lettem arra a higgadt jelenlétre, ami a balesetkor is hatalmas nyugalommal árasztott el.

„Hol vagyok? Orvos látott? Mennyire komoly a sérülésem?"

Rám mosolygott, egy 1940-es évekbeli filmkirálynő eleganciájával, és egy déli félénk szűz édességével, és csupán csak leült az ágyra mellém.

„Azt hiszem, hogy elég erő van a karjaidban ahhoz, hogy felülj és könnyebben egyél." Újra ott volt az a kísértetiesen ismerős akcentus, ami egyszerre volt ismerős és idegen, azon tűnődtem, hogy vajon honnan származhat. „Ne használd még a lábaidat, még nem elég erősek, és valószínűleg nagyon fájna."

Felhúztam magam, mint egy kicsit retardált tizenéves, mögém nyúlt és felrázta a párnákat, hogy már ne legyek egyenesen a hátamon.

„Megetethetlek, ez csak zab egy kis tejjel és cukorral, de Jed bácsi azt mondta, hogy ma csak ennyit tolerál a gyomrod. Nem volt itt orvos, ez csak egy kis hegyi falu, és úgymond egy ideje elvesztettük a kapcsolatot a külvilággal. Egyedül élünk, és kimaradunk a modern világ zsibongásából. Azt mondja Jed bácsi, hogy a törések szépen fognak gyógyulni a lábadban, és a gerincsérülésednek kell egy kis idő, de nem látja semmi akadályát annak, hogy száz százalékos legyél, mire leesik a hó."

Van egy olyan furcsa érzésem, hogy kérdéseket kellene feltennem, vagy válaszokat követelnem, de az a higgadt tekintet és az aggodalom hiánya újra semmi mást nem igényel, csak elfogadást.

„Mi a helyzet az autómmal? Még az úton van?"

„Ó, hát az ikrek ide hozták az autódat, és nagyon jól szórakoznak azzal, hogy megpróbálják meggyógyítani. Nem nagyon volt még ilyen dolog itt eddig, így nem nagyon tudják, hogy mit tehetnek érte. Miért nevezed őt nőneműnek?"

Ahogy a számba kanalazta az édes, daraszerű zabot, próbáltam visszagondolni, és nem emlékeztem arra, hogy az autómról beszéltem volna. Csak néhányszor neveztem nőneműnek, még azelőtt, hogy a feleségem kigúnyolt, hogy milyen hülye vagyok, és utána csak gondoltam rá nőneműként." Talán önkívületi állapotban mondhattam valamit, ha voltam ilyenben.

„Nem voltál önkívületben, csak eszméletlen, vagy aludtál, szóval nem kell lázra vagy ilyen problémákra gondolnod."

Nos, ez egy válasz legalább, de Isten a megmondhatója, hogy sehogy sem tudom beilleszteni ezt abba, amit én tudok. Furcsa, mintha abban a Kathy Bates és James Caan filmben lennék, amiben fogva tartja a pasit, és soha nem ad egyenes választ semmire, hogy vele maradjon. Belebotlottam valamilyen furcsa szektába, ami elfogja és fogva tartja a gyanútlan idegeneket? Olyan paranoiás vagyok, mint amilyen akkor voltam, mikor megházasodtam, a legrosszabbat vártam és meg is kaptam.

Újra próbálom. „Szóval az orvos akkor volt itt, amikor eszméletlen voltam, ebből tudod, hogy mi a baj a lábaimmal és a gerincemmel, és van oka annak, hogy nem válaszolsz a kérdéseimre?"

„Jacob, vannak olyan kérdések, amiket nem nekem kell megválaszolni, így várniuk kell azokra, akik meg tudják válaszolni. Elhiszem, hogy ez frusztráló lehet, de nem adhatok meg neked olyat, amit nem tudok megválaszolni."

Amint befejezi a beszédét, az ajtó zsanérjai új látogató érkezését tárják fel, felnézek annak az őszes szakállú férfinak az arcába, aki az úton elaltatott.

„Helló Jacob, Jedidiah Ramsey vagyok, a klánunk vezetője, és én vagyok az, akinek el kell magyaráznia neked a nem normális dolgainkat."

Amint elkezd beszélni, Ruth hangtalanul kislisszan a szobából köszönés nélkül, suhanva, mint egy tündér, s egy pillanatra megáll, hogy rám nézzen ahogy maga mögött bezárja az ajtót. A mellkasom duzzad az édes arcára és a kedves jelenlétére való vágyakozástól, és azt hiszem, hogy nem vagyok képes kezelni az érzések intenzitását, melyeket éveken át elnyomtam és elrejtettem, hogy megbirkózzak mindennel, ami nem működik az életben. Olyat érzek, amit csak egy csókként tudok leírni a lényemen, amiről valahogyan tudom, hogy tőle jön. Ez egy romantikus férfi valóra vált fantáziája valakiről, aki megérinti a lelked, még úgy is, hogy nincs jelen. Vajon ez az egész igaz? Ő valós? Megtaláltam volna itt ezen a fura helyen azt, amiről hittem, hogy léteznie kell, de soha nem találtam igaznak és valósnak? Hűha, kevesebb, mint egy óra alatt a paranoiából egyből váltottam olyasmire, ami csak képzelet. Nos, lehet, hogy nem vagyok eszelős, de erősen hajlok a téveszmék felé.

Jed bácsi vesz egy mély lélegzetet, kinyitja a száját, megérzek valamit, és erősen éber vagyok a zavarra, ami végig vonul az idős és ugyanakkor kortalan férfi finom vonalain. Mindig, mikor ránéztem, láttam a kornak nevezett elemeket, de most, hogy közelebbről nézem, szarkalábakat látok ott, ahol ráncoknak kellene lenniük, és vibráló bőrt ott, ahol meg kellene ereszkednie, s még akkor is, ha ennek egy részét a szakáll képes lenne elrejteni, belenézek azokba a barna szemekbe, melyek tiszták és tündöklőek, és ugyanakkor olyan tapasztalatot tükröznek, mely bölcsességet és fájdalmat mutat, mely toleranciát és időt mutat, ami békét hoz. Ezek a szemek ablakok ahhoz a békéhez, amit csupán a hosszú élet adhat, egy élet, mely tudja, hogy mások választásai és a választott küzdelmei megváltoztathatatlanok, de éberséggel megnyílnak a létező lehetőségek ajándékainak. A nagypapám volt az egyik olyan ember, aki látta, hogy az emberek olyanokat választanak, amiket nem kellene, és olyanokat mondanak, amiket soha nem kellene, és sok év múlva a csalódottságot azok miatt a dolgok miatt, amiket nem választanak, a gondoskodást és jóságot, melyet a kedvesség ajándékoz azoknak, akik maradnak akkor, mikor mások kiszállnak, a törődés mélységét, melyet csak az élet nagyszerű ízei járhatnak át, melyek egy kifürkészhetetlen tekintetet hagynak, olyat, amit csak a meghatározhatatlan élet megtestesüléseként lehet leírni, látni, ami nagyszerűbb, ami lehetséges, és soha nem siratni azt, ami nincs. Tudom, hogy bízhatok ebben a férfiban.

„Nos, Jacob, köszönöm a bizalmat, megteszem, amit tudok, hogy ezt viszonozzam, és válaszolok ahogy csak tudok az összes kérdésedre. Csak annyit kérek, hogy adj nekem időt arra, hogy kitaláljam, hogyan magyarázzak el olyan dolgokat, melyeket én sem teljesen értek."

„Először is nem vagyunk szekta, de vannak olyan másságaink, melyek miatt távol maradunk a világ többi részétől. Régóta vagyunk itt ezen a helyen, és elszigetelve élünk a világtól. Ki kellett bontakoztatnunk bizonyos, azt hiszem úgy hívnád őket, hogy képességeket, hogy bánni tudjunk bizonyos dolgokkal, amik megjelennek az életben. Én kifejlesztettem egy olyat, amit gyógyító képességnek neveznél; én vagyok úgymond az orvos a csoportunkban. Évekkel ezelőtt elkezdtem érezni, hogy mi más a test olyan pontjain, ahol valaki eltörte a karját vagy a lábát, és egy idő után elkezdtem látni is, hogy pontosan hogy néz ki, és ezután képes voltam beszélni a testtel és elkezdeni a javítását. Azon a reggelen, amikor a fiúk oda vittek minket hozzád, amikor megérintettelek és elaludtál, nos, ezt tanultam meg, elmulasztani a fájdalmat. Ez valahogy rövidre zárja az agy válasz reakcióit és ellazít. Még soha nem találkoztam a tiedhez hasonló gerinc problémával, de hiszem, hogy a tested jól szeretne lenni és idővel megjavul. Szóval, mi mást szeretnél még tudni?"

Ez tényleg megtörténik? Nem értem, hogyan bízhatok bennük ilyen könnyen, pedig évekig tanultam, hogy szkeptikus legyek, valamint évekig éltem egy olyan kapcsolatban, ami nagyszerűen indult és lassan agymosás lett belőle, ami egy olyan férfit hozott létre, akit nem ismertem, és amilyen nem akartam lenni. Mi a baj velem? Úgy teszek, mintha mindez normális lenne, és nem kellene többé aggódnom. Hogy értem, hogy többé? Olyan gondolatokat gondolok, amiket nem kellene gondolni, emberekről, akiket nem ismerek, és úgy fogadom el az elmondott dolgokat, mintha az örökkévalóság óta így működtem volna.

„Be vagyok gyógyszerezve? Hol vagyok valójában, és mit akartok tőlem?" Ez jobb, sokkal inkább én vagyok, amikor kicsit feszültnek és paranoidnak hangzom. „És mellesleg kik azok a gyerekek, akik megtaláltak, és mit csináltak kint az úton az éjszaka közepén?"

Jed bácsiból a szerelmes tizenéves fiúk hangján kitörő nevetés belém hatol, mint egy fröccsenetnyi hideg víz.

„Nem fiam, nem gyógyszereztünk be, és kb. negyven mérföldnyire vagy attól az úttól, ahol megsérültél, és nehéz ragaszkodni a szkepticizmushoz és paranoiához, amikor az emberek csak törődnek veled. Sok oka van annak, hogy távol maradunk a világtól, de leginkább azért, mert a te világodban azt hiszik, hogy a bizalmatlanságtól vannak biztonságban; mi biztonságban vagyunk, mert hiszünk abban, amit csinálunk és amik vagyunk. Azt hiszem, te úgy mondanád, hogy bízunk magunkban. Amikor bízol magadban, nehéz azoknak ragaszkodni a bizalmatlansághoz, akik nem bíznak magukban. Hiszem, hogy felismered bennünk ezt a másságot. A fiúk Ruth unokaöccsei. Az apukájuk elment, mielőtt megszülettek, és az anyukájuk szülés közben meghalt."

„De azt hittem, hogy te gyógyító vagy, miért nem tudtad megmenteni?" A tapintatlan kérdésem, nem is igazán kérdés volt, hanem inkább szemrehányás és a ragaszkodásom a bizalom hiányához, pillanatok alatt évtizedeket öregített az idős férfin. Megjelentek a ráncok, nyilvánvaló lett a megereszkedett bőre, és utána hirtelen ezek eltűntek.

„Gyógyító vagyok Jacob, de mikor egy szeretted elveszíti az életkedvét, akkor nem számít, hogy te mit szeretnél, nem tudod meggyógyítani. Ő a lányom volt, és többet akartam neki, mint ő maga. Az édes fiúgyermekek ígérete miatt sem gondolta meg magát. A választás a mienk, hogy úgy használjuk, ahogy szeretnénk."

„Hívhatlak Jed bácsinak vagy az tiszteletlenség lenne?"

„Igen Jacob, hívhatsz Jed bácsinak. Megtiszteltetés számomra."

„Szeretnél hivatalosan is találkozni a fiúkkal?"

„Igen, ha lehet, meg kell köszönnöm nekik, hogy megtaláltak."

„Oké fiúk, most már bejöhettek," és az ajtó elkezdett lassan kinyílni, és ott állt két egyforma fiú, kb. 12 évesek, tündöklő kék szemeik látszólag az egészemet látták, mint nagyító alatt egy bogarat. A hatás azonnali és meghökkentő volt, általában a kicsi gyerekektől nem érzem magam úgy, mintha lélekben meztelen lennék, de tőlük igen.

Jed bácsi köhögött, és elmúlt az a furcsa érzés, és a fiúk mosolyogtak édesen és örömtelin, amitől úgy éreztem magam, mintha valami fura beszélgetés zajlott volna le úgy, hogy nem is hallottam semmit.

„Helló, Rob a nevem" mondta az egyes számú, és a kettes ezt mondta: „Roy vagyok", és együtt ezt mondták: „Kétségtelenül szét voltál esve, uram, amikor megtaláltunk, de most sokkal jobban nézel ki, Jed bácsi nagyon menő, és Ruth is képes jó dolgokat létrehozni, helyrehozta az arcod, ami eléggé el volt torzulva az első éjjelen. Mesélnél nekünk a 'hölgyről', még soha nem találkoztunk hozzá hasonlóval itt, és nem igazán tudjuk, hogy mit kezdjünk vele?"

Összezavarodtam, hogy milyen 'hölgyről' beszélnek a gyerekek. És hirtelen eszembe jutott, hogy mit mondott Ruth az autómról.

„Ez az autóm, ő volt az én büszkeségem és örömöm. Remélem, hogy meg lehet javítani és újra jól fog kinézni."

A srácok egymásra néztek, szájuk sarkából majdnem nevetés tört ki, s újra úgy éreztem, mintha meztelenre hámoztak volna, és éreztem, hogy elöntenek az emlékek az autóról, és arról, ahogy kinézett, felszínre törtek olyan emlékek, amiket ízek és szagok vagy zene és érintés váltottak ki, áthatóan teljes és szerkezetileg részletes emlékek voltak ezek.

Jed bácsi megköszörülte a torkát, és az emlék intenzitása eltűnt. „Oké srácok, megkaptátok a szükséges információkat, itt az idő válaszolni ennek a férfinek a kérdéseire."

Először Rob beszélt: „Mr Rayne, én és Roy hallottunk téged sok évvel ezelőtt, olyan képességünk van, hogy halljuk azokat, akik olyan jövőre vágynak, amiről tudják, hogy léteznie kell, halljuk a vágyakozást és a szükséget. Azt is halljuk, amikor segítséget kérsz. Hallottuk a hívásod azon az éjjelen, amikor megsérültél. Amikor valaki nagy szükséggel szólít meg minket, akkor percek alatt odaérünk, ahogy a te esetedben is tettük."

„Hogy érted, hogy percek alatt odaértek?" Kezdtem úgy érezni, hogy félre csúszok, és biztos voltam abban, hogy ami valós volt, abba nem tartozott bele az, amit az elmém igaznak gyanított... ez nem lehetett igaz. Jed bácsi keze a homlokomhoz ért, és tudtam, hogy közeleg az édes sötétség, melyhez nem kellett kérdés, és rám is telepedett.

HARMADIK FEJEZET

A reggel távoli villámot idéző dobpergéssel lopta be magát az éberségembe, és ott voltak a bogarak zümmögései, és a madarak mézédes dalai. Miért van az, hogy a madarak minden reggel örömteliek, és mi emberek csak morgolódunk és morcogunk, hogy felkel a nap, és több sötétségért könyörgünk? Vajon csupán a nyomorúságnak szenteljük magunkat, és valami fura hiedelemnek, miszerint az ágy az egyetlen hely, ami biztonságot nyújt a másiktól, ami megadja nekünk a békét, amit annyira feltűnően elkerülünk, mintha egyébként megfertőződnénk, mint a madarak az alapvető hülyeséggel, amit boldogságnak hívnak?

A gyötrő éhségre az ajtó forgópántjainak nyikorgása felel, miért nem zsírozzák be ezeket, és Ruth beront a szobába higgadtságával és könnyedségével, egy mosollyal és egy tálcával, amin az orrom szerint szalonna és tojás vannak. Felhúzom magam, tudatában vagyok annak, hogy a lábaimat békén kell hagynom, ő pedig felém hajol, hogy felpuhítsa a párnámat, és a nemrég még nem élő testem életjeleket kezd el mutatni a gyönyörű haja illatától, és a kedvességtől, amiről soha nem tudtam, hogy létezhet egy nőben, de mindig ezért imádkoztam. Ahogy távolodik tőlem, alig hiszek a szemeimnek, de elpirul.

„Nem zsírozzuk be a forgópántokat, hogy mindig tudd, hogy jövünk."

Oh Istenem, olvas a gondolataimban, zavarban vagyok, mert tudom, hogy miért pirult el, és mi másra gondolhattam még, amit bárcsak ne tudna rólam, kivéve, hogy ha valaki olvas a gondolataidban, akkor lehetnek titkaid? Hogy működnek itt a kapcsolatok? Ez az intimitásnak egy olyan szintje, amivel nem hinném, hogy együtt tudnék élni.

„Jacob, talán mostanra már rájöttél, hogy kicsit mások vagyunk. Telepátiával kommunikálunk, ahogy te neveznéd, és többnyire megengedjük magunknak, hogy tudjuk, hogy mi jön, még mielőtt megérkezne. Nem tudhattunk a balesetedről, de azt tudtuk, hogy jössz."

Úgy érzem, mintha elütött volna egy mozdony, alig kapok levegőt, lehunyom a szemeimet és elkezdem rázni a fejem. Ez nem lehet igaz, megbolondultam. Kinyitom a számat és a szemeimet, hogy válaszoljak, és az ikrek ott állnak az ágyam két oldalán, a csillogó, nevető szemeik gonoszkodásról tanúskodnak, amit élveznek, gyanítom az én káromra. Elájultam egy pillanatra, vagy az ágy alatt lapultak és előugrottak, amikor épp feldolgoztam mindezt?

„Nem Jacob, nem voltunk az ágy alatt, azt tettük, amit azon az éjjelen, amikor megsérültél." Most ez melyik – Rob vagy Roy – hogy különböztessem meg őket, túlságosan egyformák. „Roy vagyok, fogd meg a kezem, és utána képes leszel érezni köztünk a különbséget abban, ahogyan téged ismerünk, és abban amennyire más vagy nekünk, így tudjuk, hogy ki mit gondol és hol," Megfogom az édes kezét, te jó ég, mennyire hiányzik a fiam, ezek a puha kezek rá emlékeztetnek. „Nem arról van szó, hogy a fiadra gondolsz, hanem az van, hogy a fiadnak és nekem hasonló rezgésünk van. Jó barátok lennénk." „Most fogd az én kezem" mondja Rob. Ahogy megfogom a kezeit, olyan érzet, mintha kiskacsák lennének a testemen. Együtt mondják: „Oké Mr Rayne, hunyd le a szemeidet és érezd a különbséget."

Amint lehunyom a szemeimet, elengedik a kezem, és hirtelen érzem a kacsákat a jobb kezemnél és a fiam energiáját a bal kezemnél. Kinyitom a szemem és nem tudom megkülönböztetni őket. „Csukd be a szemed." Megteszem, és újra ott van az a fura érzés mindkét oldalon. Kinyitom a szemem, és a fiúk eltűntek. Pislogok egyet, megrázom a fejem és újra ott vannak az ágynál. Az egyik fiú megfogja a kezem, és érzem a fiam energiáját, és azt az intenzív szükséget iránta, amiről nem is akarok tudni. „Roy vagy, ugye?" „Igen, uram." Utána becsukom a szemem és a bal oldalra helyezem a figyelmem, és érzem, hogy többször átváltozik az energia, kinyitom a szemem és ránézek a fiúra a jobb oldalamon és érzem a kiskacsákat.... „Oh istenem, tudom, hogy melyik melyik, te Rob vagy!"

Elképesztő a tény, hogy csak becsukom a szemem és érzem a különbséget köztük, de emlékszem arra is, hogy amikor több, mint két személlyel voltam ágyban, mindig tudtam, hogy kit érintek meg. Azt hiszem ez nem is annyira furcsa; csak azt akarom, hogy az legyen, hogy azt hihessem, hogy minden szörnyen helyes vagy szörnyen helytelen, amiket megtapasztalok, a kulcsszó itt a szörnyen.

Olyan örömöt sugároznak a fiúk arcai, amit hiányoltam a fiam ifjú barátainál, akik hálásak, amikor mi, öregek tényleg felfogjuk a zseniálisságukat és a ragyogást, ami természetesen áramlik a kis testekből. Olyan, mintha megmásztam volna értük a Mount Everestet, mintha lebomlott volna egy fal és mindenre élesen éber vagyok. Felismerem Ruth rezgését, és könnyek szöknek a szemeimbe. Ő az a nő, akiről tíz éve álmodok, nem csoda, hogy kísért a hangja, éveken át hallottam legalább kétszer hetente, és a haja illata, és a fény az ablakban, és az öröm a szívemben, hogy végre tudom, hogy akit és amit akartam, létezik, és az emlékek a szexről az álmaimból dalra fakasztják a vérem, és zakatol a szívem, és mélyeket lélegzik a testem az életért, amit mindig is keresett, és alig hitte, hogy létezhet, kipukkan, mint egy túlfújt lufi, és beszivárogtatja az örömöt a testem pórusaiba, úgy, ahogyan soha senki nem mondta, hogy lehet, vagy soha nem demonstrálta, s mégis megfelelőnek tűnik és nagyszerűbbnek, mint amit valaha lehetségesnek tartottam. Az érzékeim kiterjednek a szoba köré, és alig érzik a rést az univerzumban, amiről a Star Warsban beszéltek, ránézek Ruthra, aki szintén sír. Tudja, vagy tudta, vagy sejtette, vagy ugyanazt tapasztalta, amit én, ez hogy lehetséges?

A fiúk egyszerre beszélnek. „Mr Rayne, mindannyian érzékeltük a helyet, ahol te és Ruth együtt éltek. Itt mindent tudunk, és semmi sem helytelen. Tetszik nekünk, hogy boldoggá teszitek egymást. Évekkel ezelőtt hívtál minket, mikor erre jártál, és azóta közénk tartozol."

Zavarban akarok lenni a ténytől, hogy a srácok így bele látnak a privát univerzumomba, de ehelyett békében vagyok. Ahogy tovább beszélnek hozzám, észreveszem, hogy hiába hallom őket, az ajkaik nem mozognak. Megőrülök, ez csak illúzió, vagy egy álom, és hamarosan felébredek?

„Nem Jacob, nem álom, ilyen az igazi kommunikáció, a fiúknak és Jed bácsinak és a többieknek van egy külön vonalunk egymáshoz. Mindig megvolt ez benned, és azt gondoltad, hogy csak szerencsés véletlen, amikor tudtad, hogy mások mit gondolnak, vagy hogy mikor hívd fel őket, vagy amikor beleláttál a jövőbe. Nekünk ez normális; te médiumnak nevezed."

Amint Ruth végzett a magyarázattal, tudtam, hogy minden annyira normális volt, amit ezekkel az emberekkel tapasztaltam, hogy életemben először éreztem otthon magam. Igazán tartoztam valahova... ide.

A fiúk eltűnnek a szobából, ahogy Ruth közeledik felém. A gyengélkedő testem hirtelen életre kel olyan elevenséggel, amit tizenkilenc évesen ismert meg, azon az első alkalmon.

Ahogy odaérkezik mellém, egyáltalán nincs zavarban, odahajol és a ruhája eltűnik, pont mint az álmaimban, és azon tűnődök, hogy milyen lesz személyesen. Oh Istenem, ne hagyd, hogy belehaljak az extrém áldásba. Odanyúl és megérinti a kezem, és ahogy megcsókol, a testem minden sejtjéből energia tör elő, és leszáll a sötétség, ragyogóan, kegyesen, az élet olyan kiterjedésével, amit korábban soha nem éreztem.

NEGYEDIK FEJEZET

A madarak túláradására ébredek, a fenyő illatának intenzitására, és arra az érzetre, hogy valaki jön. Nem, nem valaki, hanem Ruth. Nyújtózkodok, behajlítom a hátam és az ágy vége felé tolom a lábam. Hűha, nem is fáj, hogy lehet az, tegnap még meg sem tudtam mozdítani. Nyikorognak a forgópántok, és belép ő, a reggelim, az orrom azt mondja, gyümölcs és valami meleg, amit nem ismerek fel, és ott van az élvezet a szemeimnek, ő.

Mosolyog. „Jake, a szex a gyógyítás egy módja, egy olyan energia, ami a testet visszainvitálja önmaga emlékébe, de amikor ez van, akkor a testednek alvásra van szüksége, nem fizikai beteljesülésre."

„Egyébként miért beszélsz ma reggel, ahelyett, hogy csak az elméddel átadnád nekem?"

„Időbe telik megtanulni, hogy csak az elméddel hallj, kivéve, ha itt vannak az ikrek. Ők meghajlítják a teret. Ezt csinálod olyankor, amikor valahova gyorsabban érsz oda, mint kellene. Amikor meghajlítod a térűrt, akkor megjelenhetsz és eltűnhetsz úgy, ahogyan a fiúk, de meg is változtatod a teret, és annak, akivel vagy, nem az idő és az anyag lesz az élet forrása többé, és a létezés egy olyan szintjére mozdul, ami más lehetőségeket terjeszt ki és generál."

„Hűha, köszönöm" - azt hiszem. „Olyan mintha egy kvantumfizika leckét kaptam volna az első napon az óvodában. El tudod magyarázni úgy is, mintha hülyéknek mondanád, mert úgy tűnik ma elég hülye vagyok."

„Megpróbálom. Az idő nem valós, egy konstrukció, amit a világ arra használ, hogy igazolja azt, hogy miért nem testesül meg minden éberség és kommunikáció molekuláris struktúraként, ami lehetővé tenné azt, hogy a pusztítás szükségtelen része legyen az életnek."

„Nos, ez kétségkívül egyértelműbb volt."

A nevetése csiklandozza az apró szőrszálakat a karomon, és a szarkasztikus megjegyzésem nyilvánvalóan azt eredményezte, amit vártam. „Szóval, ha a szex ennyit gyógyított a testemen, akkor mi lenne, ha még csinálnánk, hogy javuljon a jóöreg testem?"

A nevetése újra megcsiklandozza a szőröm, mennyire mesés ilyen extrém vágyat érezni, és ugyanakkor abszolút nincs szükség arra a szexuális energiára, amiről mindig azt gondoltam, hogy elvezet a sötéthez és az ágyhoz.

„Nos, Mr. Rayne, egyszerre csak kicsit tudod felébreszteni a testet anélkül, hogy a struktúrájának megváltozása kényelmetlen legyen, ezenkívül, ha későbbre is tartogatunk valamit ebből, akkor sokkal többet kaphatsz belőle."

A tekintete szexibb és sokkal felkavaróbb, mint bármi, amit eddig valaha láttam, és tudom, hogy ez nem csak ugratás, hanem ígéret, hogy számíthatok az orgazmusra. A saját szójátékomon való mosolyom egy újabb csiklandozó nevetést vált ki, épp, mikor a forgópántok valaki új érkezését jelzik, és az érzékeim megsúgják, hogy ez Jed bácsi.

„Jó reggelt Jacob. Edd meg a reggelidet, a szemeid csemegéje most elmegy." Csodás lebegő eleganciájával mosolyogva kígyózik ki a szobából, ott hagyva engem egyszerre elakadt lélegzettel és izgatottan.

Ránézek az előttem lévő reggelimre, édesen pikáns bogyók, és a fura hús a tányéromon, ami olyan zamatosan füstös illatokban pompázik, amilyennel még nem találkoztam. „Jól néz ki és jó az illata." Ahogy a villám belemélyed az omlós húsba, vad aromák gabalyodnak össze az ízlelőbimbóim között, és ott elidőznek, és kísértenek, mint egy nagyszerű színdarab frázisai. „Mi ez, Jed bácsi?"

„Ez egy csörgőkígyó Jacob, aki éjjel idekúszott, hogy ajándék legyen nekünk és a testünknek. Rémlik, hogy azt mondtam, hogy mások vagyunk? Nos, kérünk olyan élőlényeket, akik hajlandóak a testüket ajándékba adni a mi testünk fenntartásáért. Ruthnak, nekem, a fiúknak és a többieknek, akik egy ideje már itt vannak, nincs szükségünk túl sok ételre, de mivel neked meg kell gyógyulnod, vannak olyan hús-, bogyó-, zöldség-, és gyógynövény fajták, amikről a tested azt mondja nekünk, hogy szüksége van rájuk energetikailag ahhoz, hogy egészséges legyen. Mi hívjuk őket, ők pedig jönnek, és megmutatják magukat nekünk."

Olyan jó íze van a csörgőkígyónak, hogy nem tudom abbahagyni az evést, még úgy sem, hogy nagyon szeretnék elrettenni attól az elképzeléstől, hogy kígyót eszem. Érzékelem az igazságot, hogy a kígyó szabad akaratából érkezett, és ettől valahogy még jobb íze van.

„Jed bácsi, hogy jött létre ez a hely, és hogy jöttetek ide, és mit jelent az, hogy kértelek titeket és ezt a helyet?"

„Nos, fiam, ez nagyon sok kérdés, és mind hosszú magyarázatot igényel. Mi van, ha csinálok egy kis gyógyítást a testeden, és megpróbálom a tőlem telhető legjobb választ adni neked, mert nincs a kisujjamban minden darabkája ennek a kirakónak, de ígérem, hogy megteszem, amit tudok. Csak hunyd le a szemed és hadd mondjak el egy történetet arról, hogy hogyan találtuk meg a 'helyet'."

ÖTÖDIK FEJEZET

„**1**860-ban a családjaink úgy döntöttek, hogy ott hagyják Georgia erdeit, ahol nagyon sokáig éltünk, közel ötven évig. Természetesen a családunk kicsit vagyonosabb volt, mint a szomszédaink, szóval kicsit gőgösek voltunk, és olyan dolgokba fektettük a pénzünket, amiket nem ismertünk. Amikor 1830-ban beütött a nagy gazdasági válság, akkor mindent elveszítettünk, a legtöbb földünket és minden rabszolgánkat. Kb. 160 hold mélyföldet sikerült megtartanunk, valamint a házat, de ez nem volt elég ahhoz, hogy gondoskodni tudjunk a több, mint húsz rokonról, fivérről, nővérről és unokatestvérről. Amikor dél a kiválásról kezdett beszélni, mindannyian szavaztunk, és úgy döntöttünk, hogy elmegyünk, nem volt sok minden ott, csak több a nem elégből, és ott volt a háború morajlása a horizonton. Szóval az egész átkozott család elkezdett imádkozni egy 'helyért', ahol megtaláljuk a legjobbat, amit az élet nyújthat. Néhány hónappal az imáink után az egyik szomszédunk felajánlotta, hogy kivásárol minket, fogtuk a pénzt, szereztünk szekereket, lovakat, teheneket, malacokat, bárányokat, kacsákat és csirkéket, és nyugatnak vettük az irányt a szekér karavánunkkal. Még tél volt, mikor elindultunk, és nehéz volt eljutni Kansas Citybe, ahol egy rakás szekérsor nyugatnak tartott. A legtöbben Dakota felé mentek, de mi Oregonba akartunk menni, míg a legtöbben másfelé.

Nos, két hónapunk volt, mielőtt a tavaszi enyhülés megkönnyítette volna az utunkat, és mivel néhány családtag munkát szerzett, másokat meg elloptak menyasszonynak, a létszámunk csökkent. Kihirdettük, hogy egy vallásos csoport vagyunk, akik egy vezetőt akarnak, aki elvisz minket Oregonba.

Egy hónappal az indulásunk előtt jött egy férfi, mocskos volt, öreg, és hiányzott három ujja a jobb kezén. Azt mondta, hogy istenfélő ember, aki elvett egy indián asszonyt, és el tud minket vinni Oregonba. Tizenöten maradtunk és szavaztunk, és mivel semmilyen más felderítővel nem találkoztunk, aki elvinne minket, főleg mivel nem volt túl sok pénzünk sem, úgy döntöttünk, hogy vele tartunk. Kb. egy héttel később felpakoltuk az öt szekerünket, minden állatot, minden maradék bútorunkat, és elindultunk Oregon felé."

HATODIK FEJEZET

„Az út részletei már rég elenyésztek az emlékezetben. Elég annyit mondani, hogy találkoztunk indiánokkal, de soha nem volt semmilyen baj velük. A felderítőnk, John MacDonald, röviden Mac, mindig a feleségével ment beszélni velük, és mindig olyanokkal jöttek vissza, hogy kérnek egy bárányt vagy egy tehenet vagy egy kis sót vagy cukrot, de semmi más nem volt. A felesége – akit Mrs. Macnek hívtunk, mert senki nem tudta kiejteni a nevét – csendes nő volt, akinek olyan fura szokása volt, hogy mindig azzal jelent meg, amire épp szükséged volt, és látszólag egyáltalán nem beszélt angolul.

Kb. négy hónap utazás után minden elkezdett elromlani. Elrohadtak a kerekek, amik elvileg újak voltak. Megromlott a sós sertés, ami az étrendünk fő eleme volt. Elkezdtünk többet vadászni, de nem nagyon láttunk sokat, meg nem is kaptunk el sokat, mert szárazság volt, és nem volt túl sok vad ezen az ösvényen.

Mr. Mac belázasodott, miután elvágta a kezét az egyik rozsdás szerszámunkkal, amit elhoztunk, de nem törődtünk vele, és senki nem tudta, hogy mit tehetnénk érte. A felesége mellette volt és néha megérintette a homlokát, ő pedig elaludt. Énekelte neki azokat a kántáló dalokat, amiket az indiánok használnak, és a furcsa békétől, ami áthatott minket ettől, mindannyian jobban éreztük magunkat, mintha minden rendben volna.

Húsz nap láz után Mr. Mac meghalt. Ott eltemettük, és zaklatott pillanatainkban rájöttünk, hogy fogalmunk sincs, hogy mit tegyünk. Összegyűltünk és segítségért imádkoztunk, elővettük az iránytűt, és eldöntöttük, merre van nyugat. Összeszedtük a maradék négy szekeret – már egyet szétszedtünk, hogy megszereljük a többin az eltört darabokat – és elindultunk.

Mrs. Mac velünk jött, és mivel már nem voltunk zöldfölűek, legalábbis a fejünkben, megpróbáltunk kanyonokon és dombokon keresztül menni. Mrs. Mac néha bizonyos irányokba mutatott, amiről mi azt hittük, hogy nagyon rossz irány, s mégis végül könnyebb útnak bizonyult, mint amit mi választottunk.

További három hét utazás után elkezdett megváltozni az időjárás, mennydörgéssel és villámlással érkezett az ősz, és olyan esővel, amit soha korábban nem láttunk. A patakokból, amiken korábban könnyedén átgázoltunk, folyók lettek, és ami könnyű volt, nehézzé vált.

Matilda Ramsey, John és Jed anyukája, nem sokkal azelőtt esett teherbe, hogy elindultunk, és a gyerek úgy döntött, hogy most van itt az ideje megérkezni. Megállítottuk a láncolatunkat két hétre, hogy Stormy – így neveztük el a babát – megérkezhessen. Furcsa névnek tűnt, de bármikor, mikor megemlítettük, hogy mennyire viharos az idő, abbahagyta a lármázást, így arra jutottunk, hogy ezzel mond nekünk valamit, és bármikor, amikor Ellennek szólítottuk, az elsőnek választott nevén, sírt, mint a fába szorult féreg.

Az enyhe havazás eljövetelekor újra elindultunk, azt gondolván, hogy nem lehetünk távol a civilizációtól, olyan régóta voltunk úton, hogy bizonyosan találunk hamarosan embereket. Mrs. Mac egy olyan irányba mutatott, ami nem igazán nyugat volt, de annyival jobban választott irányokat, mint mi, hogy azt választottuk, hogy követjük őt. Furcsa volt, ahogyan erőltetés vagy szavazás vagy beszéd nélkül olyasvalakivé vált, akiben megbíztunk és akit követtünk."

HETEDIK FEJEZET

„**K**b. négy nappal utunk újrakezdése után elérkeztünk egy folyóhoz, ami forrongott, hullámzott és morajlott, mint egy zabolátlan vadállat. Kerestük a legnyugodtabb pontot, hogy ott át tudjunk rajta menni, és meg is találtuk egy mérföldnyire a folyón lefelé, a helyet, ami csendes volt, nyugodtnak tűnő és nem túl mély. Mrs. Mac folyamatosan a folyó felső szakasza felé mutatott, de ott csak sebes és nehézkes áramlatot láttunk, ezért a mi átkelési pontunkat választottuk, nem az övét.

Ahogy elkezdtük átszelni a folyót, az első szekér a Matildáéké volt, ő, a gyerekek és a férje, Joseph, voltak rajta. Az út kb. kétharmadánál a szekér nem mozdult tovább. A lovak felágaskodtak és visítottak és a sodrás elkezdte oldalra dönteni őket. A lovak elkezdtek hátrálni, a sebes áramlat felé, ami pont a csendes részen túl volt, és a család is elkezdett visítozni. Mrs. Mac és több férfi is a folyóba siettek lovaikkal, ami figyelmeztetés nélkül hirtelen két lábnyival megemelkedett, az állatok megbokrosodtak és a látszólag elkerülhetetlen felé haladtak.

Megremegett a szekér, ahogy a parttól nem túl messze lévő sziklának ütközött, és elkezdett széttörni. A parton lévők elborzadva nézték, ahogyan a család tagjai egyenként a morajló vízbe pottyannak, és elmerülnek. Mrs. Mac valahogy odajutott a szekér maradványaihoz és megragadta Stormyt és Jedet, tartotta a babát a karjaiban, s közben sikerült neki Jedet maga mögött tartania, s eközben rá tudta venni a lovát, hogy visszaússzon hozzánk.

Egyik férfi sem tudta megmenteni a többieket. A csoportunk ott ült a folyó partján, gyászolva nem csak a család elvesztését, de az ételét is, a készletet és az állatokat, amik a szekéren voltak, és a csodálatos lovakat, akik annyira gondoskodtak rólunk az elmúlt hónapokban az utunk és a nehézségek során.

Mrs. Mac leugrott a lováról, Stormy a karjaiban volt, olyan csendben és édesen, ahogy eddig nem látták. Jed ott ült vacogva, vizesen, és sírt. Mrs. Mac elkezdett tűzifát gyűjteni és tüzet gyújtott. Hirtelen életre kelt a csoport többi tagja is. Takarókat hoztak Jednek és Stormynak, Ulah May átvette Stormyt, és hagyta, hogy Mrs. Mac szabadon mozogjon, és Lulah May, a testvére, takarót terített Mrs. Macre, aki már nem csak megmentő volt, hanem családtag is. Csak a családtagok kockáztatják érted az életüket, vagy a legnagyszerűbb barátok, bárhogy is legyen, most már ő a miénk lett, mi pedig az övé. Indián, csendes, nem beszél angolul, egyik sem számított többé. A hála azért, amit tett, túlszárnyalta a család elvesztéséért érzett szomorúságot is. Hála valakiért, aki kockáztatott és megmentett – soha nem felejtjük őt."

NYOLCADIK FEJEZET

„Napokkal azután, hogy megtaláltuk a két testet és eltemettük őket, északnak indultunk a helyre, amit Mrs. Mac korábban próbált nekünk mutatni. Úgy tűnik, hogy viharok voltak előttünk, amik miatt megduzzadt a folyó.

Félelemtől fortyogtunk amiatt, hogy át kell szelnünk a folyót, de nem volt elég ételünk, az emberek pedig már túl messze voltak, szóval ültünk és néztünk, reménykedtünk, hogy a folyó majd apad. Mrs. Mac ült és várt, és odament a lovához, felpattant rá, odasétált Ulah Mayhez, aki odaadta neki a babát, és elindult a folyó felé. Ahogy belement a sebesen haladó folyóba, mindenki azt kiáltotta, hogy 'Ne'. Megállt, visszanézett ránk és tovább ment. Tapintható volt a pánik, amit mindenki érzett, és mivel nemrég annyi mindenkit elvesztettünk a folyó miatt, ott volt bennünk a tragédiának a bizonyossága. A folyó közepén a ló elkezdett kiemelkedni a vízből és néhány lábnyi távolságban már csak bokáig ért, és végre megértettük, hogy mit nem vettünk észre ezzel a területtel kapcsolatban. Úgy tűnik, hogy a víz itt túlfolyt a parton, és sokkal sekélyebb volt, mint bárhol máshol. Mindannyian tudtuk, hogy soha többé nem fogunk kételkedni Mrs. Macben. Percek alatt befogtuk a lovakat és követtük Mrs. Macet, aki a folyó másik oldalán várt minket. Ezzel vége lett a folyó okozta megpróbáltatásoknak, de nem mindent tapasztaltunk még meg.

A következő hetekben mentünk tovább, mindig nyugatra és picit északra. Egy napon Mrs. Mac megállt, mintha villám csapott volna bele, és északnak fordult fel egy kis kanyon felé. Egy kisebb kanyontól mentünk egy nagyobb felé, és utána egy kicsihez, majd egy nagyobbhoz, majd megálltunk egy sziklás hegység nagy szirtjénél. A szikla alatt a felhőkből szemerkélő csendes havon keresztül láttunk egy tetőt és füstöt. Az ujjongás attól, hogy tényleg láttuk, hogy lehetséges, hogy emberek vannak a közelünkben, egy szikrányi reményt keltett bennünk, és lelkesedést, amiről észre sem vettük, hogy már nem létezik számunkra. Ügetésre fogtuk a lovainkat, és ahogy a lószerszámok hangja visszhangzott a levegőben, láttuk, hogy kis alakok rohannak ki a vityilló ajtaján, és elkezdenek integetni és kiabálni.

Kb. tizenöt perc alatt odaértünk a házikóhoz, és észrevettük, hogy eléggé rozoga és megviselt az évek elhanyagoltságától, de a két lakó kegyesen, kedvesen és örömmel fogadott minket. A férfi a húszas éveiben volt, hosszú szakálla borbély hiányáról árulkodott. A haját hosszú fonatban hordta, ami a hátán lógott egészen a fenekéig. Előre lépett, és hivatalosan meghajolt, esetlenül és félénken, úgy, mint aki már régen elfelejtette, hogy mit igényel a társadalom. 'Helló barátaim, üdvözlet Hollow Valleyben. Ez a mi otthonunk. Az én nevem John Lancaster és ő a húgom, Norma Lea. Kérlek, gyertek be, nagyon sok csirkénk van, és készítünk egy kis vacsorát nektek, üdvözlet, üdvözlet.' A mellette lévő fiatal hölgyön olyan ruha volt, amit akkor láttunk utoljára, amikor még volt pénzünk. Úgy nézett ki, mint aki bálba készül, habár a kék szatén kissé piszkos volt, és a finom fűző arra utalt, hogy vagy megháborodott, vagy azért vette fel, hogy lenyűgözzön minket. Megszólalt: 'A testvérem és én nyolc éve vagyunk már itt. Az utolsók vagyunk a csoportunkból. Azért jöttünk ide, mert az Oregonba vezető utat kerestük, és eltévedt a csoportunk. Itt kötöttünk ki, amikor beköszöntött a tél, és úgy döntöttünk, hogy maradunk. Régen nem találkoztunk már senkivel, de gyertek be, egyre hidegebb és nedvesebb itt, tartsatok velünk. Hajlandóak vagytok mindannyian segíteni a főzésben?'

Az étkezés közben megtudtuk, hogy Norma Lea és John voltak a legfiatalabb gyerekek a szekérláncukban. A csoportjuk eltévedt egy hóviharban és követték a völgyeket, azt gondolták, hogy eljutnak valahova, de aztán a hegyekhez értek. Ahogy egyre több hó lett, a férfiak építettek egy hatalmas házikót, amiben mindenki elfér, valamint egy kinti épületet a marháknak és a lovaknak. Nehéz munka havazáskor, de jobb, mint semmit nem csinálni. Szerencsére nagyon sok ételük volt, és biztosak voltak abban, hogy minden rendben lesz. Télen eldöntötték, hogy ha eljön a tavasz, akkor a férfiak visszamennek ahhoz az úthoz, ahonnan jöttek, és megnézik, hogy találnak-e valamilyen ösvényt, ami kivezeti őket a hegyekből. A nők és a gyerekek ott maradnak. John a férfiakkal akart menni és keservesen azzal érvelt, hogy tizenhat évesen már ő is férfi, de leszavazták, mellesleg ott kellett hagyni valakit, aki megvédi a nőket, tud lőni és gondoskodik az állatokról. Végül John is meglátta ebben az igazságot. Az első két évben jól elvoltak. A marhák a völgyben barangoltak, és mindenki együtt dolgozott, biztosak voltak abban, hogy a férfiak bármely pillanatban visszatérnek.

A harmadik tél keményebb volt az előzőeknél, és néhány marha megfagyott, és meg kellett enni őket. A nők depressziósak lettek, és reményvesztettek, hogy a férjeik nem térnek vissza, és azt kívánták, hogy bárcsak megtartottak volna elég lovat ahhoz, hogy felszereljék a szekereket és elinduljanak, de ez nem volt lehetséges. Eltelt a tél és a tavasz, növekedett a termésük, de ősszel, a száraz nyár után villám csapott a völgy keleti részébe, és a tűz majdnem mindent felemésztett, amit építettek. Mindenki lapátot, takarókat és vizes vödröket fogott, és azon dolgozott, hogy megvédjék a házat és a pajtát. Szerencsére ott volt a tó a ház mögött, és mivel mindenki dolgozott, nagyon sok mindent meg tudtak menteni. A marhák és a lovak megégtek a tűzben, de még így is nagyon sok csirkéjük volt. Csirkéből és krumpliból állt az étrendjük, amik túlélték a tüzet. A következő télen az egyik nő kiment a hóba éjjel, és soha többé nem találták, habár tavasszal találtak véres ruhadarabokat mérföldekre a vityillótól, valószínűleg farkasok voltak."

KILENCEDIK FEJEZET

„Úgy tűnt, hogy a tűz után eltűnt a remény, és a nők egyenként csak lefeküdtek és meghaltak, mintha a remény tartotta volna fenn az életkedvüket.

Norma Lea nyolc éves volt, amikor Hollow Valleybe érkeztek, ekkor tizenhat volt. Elmesélte, hogy ahogy teltek az évek, úgy alakította át a ruhákat, amiket ott hagytak, és már csak két ruhája volt, egy díszes gyászhoz, egy fekete taft, és az, amit jelenleg viselt, kék szatén és fűzők. Elmondta, hogy többnyire szarvasbőrt visel, de inkább felvette a party ruháját, mert nem gondolta, hogy elfogadnánk fehérként, ha meglátjuk a lebarnult bőrét és a koromfekete haját. Mindannyian nevettünk, és megemlítettük, hogy amint megláttuk volna a kék szemeit, tudtuk volna, de azt is el kell ismernünk, hogy a világ ezen részén sokan előbb lőnek, mint néznek.

A második nap reggelén Mrs. Mac elkezdte összeszedni a holmijait, és mindannyian rájöttünk, hogy azt akarja, hogy menjünk. Fogta Stormyt, és elhelyezte a hámban, amit a baba szállítására készített. Mindannyian készülődtünk, és John és Norma Lea bús tekintete felkészületlenül ért minket. Majd meghívtuk őket, hogy tartsanak velünk, és perceken belül ott álltak előttünk egy-egy táskával és a szarvasbőreikkel.

Fogtuk néhány lószerszámukat, amik még hasznosak lehetnek, és felszereltük a régi szekeret, amit félig eltemetett a gaz az évek elhanyagoltsága miatt. Szerencsére Johnban élt a remény, hogy a férfiak majd visszatérnek, így minden évben beolajozta a lószerszámokat, szóval a legtöbb elég jó állapotban volt. Amint elhagytuk a völgyet, újra arra mentünk, ahonnan jöttünk, és majdnem visszamentünk oda, ahonnan indultunk, Mrs. Mac észak és nyugat felé fordult, felfelé egy sekély folyón, amiről senki nem tudta elképzelni, hogy bárhova vezethet. Két óra után a folyón felfelé eljutottunk egy elágazásig, ami sekélyebb, viszont szerintünk túl sziklás volt ahhoz, hogy a szekereinknek ne essen baja. Egyenletesen haladtunk felfelé, amíg már olyan volt, mintha a hegyek felhőibe mennénk. Egész nap sötét felhők voltak az égen, ami nem tette lehetővé az esőt vagy havat, és elkezdett esni a hőmérséklet. Megérkeztünk a domb tetejére, felnéztünk az ijesztő hegyekre, amik áthatolhatatlannak és halálhozónak tűntek. Mrs. Mac egyenesen dél felé fordult a hegygerincre. Ott mentünk néhány óráig, ahogy szűkült a hegygerinc, és a sziklák leestek a peremről egy mély kanyonba, amit csak hallottunk, de nem láttunk. A Mrs. Macbe vetett bizadalmunk elkezdett hibának tűnni, de nem tudtunk visszafordulni, és elkezdett esni a hó. Először lassú volt és szép, majd jött az ónos eső és a szél. Perceken belül vacogtunk. Előszedtünk takarókat, meg minden meleget, amink volt, és egymásba kapaszkodtunk, hogy felmelegedjünk. Elértünk oda, ami a hegygerinc végének tűnt, Mrs. Mac lerobogott a peremen és eltűnt. Növekvő felindulással elértünk a peremig, és ott, tíz lábbal lentebb volt egy széles fennsík, elég nagy az összes szekerünknek, és ott volt Mrs. Mac, aki tűzifát gyűjtött.

Habár még elég napfény volt, ez egy olyan helynek tűnt, ahol éjszakázhatunk.

Ahogy minden szekér leért a meredek tíz lábnyi töltésen, behúztuk a fékeket, és a lovak keményen dolgoztak, és nemsokára ott voltak egy körben a szekerek, amik látszólag lebegtek a havon, és eltűnt minden érzete az időnek és hangnak.

A következő három napon süvített a hóvihar és a szekereinkhez tapasztott minket. A tűz elhalt a hóbuckában, hideg élelmet kellett ennünk, és próbáltunk sokat aludni.

A negyedik nap napos volt és tündöklő, hogy megmutathassa, hogy a fennsíkról az ugrásunk egy őrült lépés volt a meredek halálba. Nem tudtuk, hogy mihez kezdjünk, és ezúttal az, hogy nem tudtunk beszélni Mrs. Mackel úgy jelent meg bennünk, mint az a dolog, ami a hosszú fagyos halálba visz minket. Mrs. Macnek valahogy sikerült megfejni a tehenet és megetetni Stormyt, és elkezdett kántálni és a hóban turkálni, és minden egyes alkalommal talált fát, amivel talán tüzet rakhatunk. A kétszersültjeink már majdnem elfogytak, a szárított marhánk megfagyott, alig volt lisztünk, és a néhány krumpli, amit Johntól és Norma Leatól kaptunk sem tart már ki sokáig.

Mrs. Mac odaadta a babát Ulah Maynek, ott hagyott minket, és visszament a hegygerincre. Kis idő múlva két nyúllal tért vissza. Sokszor láttuk már, hogy ezt csinálja, de soha senki nem látott nála parittyát, nyilat, vagy bármilyen nyomot a nyulakon, amiket mindig megtalált. Megnyúztuk őket, ő pedig tüzet gyújtott. Megtaláltuk a nagy fazekat a szekéren, és tettünk bele havat, nyulat, krumplit és szárított marhát. Kb. egy órán belül gőzölgött a fazék, és az orrunkat ostromló illatok miatt készen álltunk, hogy együnk, de minden egyes alkalommal, amikor azt hittük, hogy készen van, Mrs. Mac még több havat tett bele, és az aroma csökkent, egyenes arányban a gőzölgő vízzel. Olyan érzés volt, mintha direkt kínozna minket, és mégsem tudtunk eléggé kommunikálni ahhoz, hogy megállítsuk. Kb. három órával később fogta a merőkanalat és mintha az lett volna az arcára írva, hogy 'Oké ostobák, itt az idő', mindannyian a tányérunkért rohantunk, és megajándékozott minket a legfinomabb dologgal, amit az elmúlt hónapokban ettünk.

Persze kevesebb, mint egy hete ettünk sült csirkét. De amikor szétfagytál és a hóban vagy, a sült csirke ízének emléke elenyészik, és a most valósabbá válik.

Miután mindenkinek volt a tányérjában, Mrs. Mac még több havat tett a fazékba, ami újra úgy tűnt, hogy tele van. Kezdett derengeni, hogy ez lesz az ételünk még néhány napig, és meg kellett óvnunk. Néha a pillanat öröme során elfelejtjük, hogy a jövőre is kell gondolnunk ugyanúgy, mint a jelenre.

A második napon még mindig a fennsíkon voltunk, és fogalmunk sem volt, hogy mi jön most, de mint mindig, Mrs. Mac elkezdett összepakolni, és mi mind összeszedtük magunkat, a lovakat, a teheneket és az embereket, készen az indulásra.

Felfelé kezdtük az utunkat, a tíz lábnyi töltésen, elég csúszós volt a lovaknak, és néhány mérföldet haladtunk a hegygerinc tetején, és ott az alsó résznél és a nyugati résznél volt egy olyan ösvény, amit soha nem lehetett volna észrevenni, főleg nem arrafelé venni az irányt a másik irányból. Csúszós ösvény volt fagyos hóval, de ahogy a szekerek keresztül törték itt magukat, és ahogy a lovak patái leereszkedtek ide, képesek voltak fogást találni és nem megcsúszni.

A nap végére elértünk az aljáig. Ahogy dél felé mentünk, mindannyian azon tűnődtünk, hogy van-e egyáltalán csekély esély is arra, hogy keresztül jussunk itt. Azon az éjjelen letelepedtünk és hallgattuk, ahogy a farkasok a teliholdnak vonyítanak, ami furcsa árnyakat és ragyogó fényeket vet a tájra, ami annyira ismeretlen volt számunkra, hogy olyan érzésünk volt, mintha elhagytuk volna a föld bolygót, és olyan helyre érkeztünk volna, ahol a feketeség vette át a zöld helyét, és csupán a hó és a hideg öleli át az embert a halálra való meghívás suttogásával."

TIZEDIK FEJEZET

„A következő napon tovább mentünk dél felé, és nem lett barátságosabb a környék, mint azelőtt volt. A harmadik napon elérkeztünk egy széles folyóhoz, ami be volt fagyva, és Mrs. Mac nyugat és dél felé fordult rajta. Ahogy utaztunk a szekerekkel, hallottuk, ahogy megreped a jég, és mindannyian elkezdtük mormolni azt az imát, amit szükség esetén használtunk. 'Kérlek, Istenem, legyen számunkra egy hely, egy hely, ahova tartozunk.'

Egész nap és éjjel utaztunk, az őrült holdfény és a vonyító farkasok felé. Annyira meg akartunk állni, de Mrs. Mac soha nem szállt le a lóról, még annyira sem, hogy megetesse a kisbabát, vagy megfejje a nyöszörgő tehenet.

Hajnal hasadtával az utazásunk második napján, a folyó bal partján kiszélesedett a tér, és szétválasztódtak az éles sziklák, ha csak egy pillanatra is, és Mrs. Mac kimászott a partra és leszállt a lóról. Követtük őt, és mire leszerszámoztuk a kimerült lovakat, már égett a tűz, egy fazék fagyos leves már főtt, Mrs. Mac megfejte a tehenet, és etette a nagyon éhes Stormyt.

Ott töltöttük a napot, aludtunk, és a lovak lekotorták a havat a száraz fűről, ami az egyetlen táplálékuk volt aznapra. Csodálatos teremtmények, a ló egy ajándék, és segítőtársa az embernek, és természetesnek vesszük, hogy mindig ad nekünk, és megél azon, amit nem is adunk neki.

Alkonyatkor Mrs. Mac újra elindult. Mindannyian ellenkezni akartunk, még mindig ki voltunk merülve a múlt éjszakai utazástól és kegyetlenségnek tűnt velünk és a lovakkal szemben, hogy újra elinduljunk. Annyira depresszív volt a hideg azon az éjjelen, hogy elborzadtunk az útnak indulástól, de mentünk. Egész éjjel a folyón felfelé mentünk, követtük a nőt az alvó babával, és tudtuk, hogy oka van erre, még akkor is, ha nem tudtuk, hogy mi. Még egy fagyos hajnal, és ő csak ment tovább, a nap melege egy csodálatos ajándék a fagyos testeknek és lábaknak.

A délután közepéig utaztunk, amikor észrevettük, hogy nedves lett a jég a nap okozta olvadástól, és a jég repedései, amik rendszerességük miatt egész megnyugtatóvá váltak, egyre hangosabbak lettek. Elfordultunk a folyó egyik kanyarulatánál, és ott jobb oldalon volt egy széles nyílás a hegyek között, és Mrs. Mac felkaptatott a partjára. Elkezdtek csúszni a szekerek, ahogy megpróbáltunk haladni az emelkedőn, és a lovak megrökönyödtek, próbáltak talpon maradni és körbe vinni a szekereket. A jég visítása, ahogy az utolsó szekér is földet ért, mindannyiunkat megrázott, ahogy hallottuk a jég eltörését a szekér alatt. Ulah May és Lulah May utaztak azon a szekéren és John Lancaster vezette. Az arcukra volt írva a félelem, amit mindannyian éreztünk, de John megragadta az ostort és akkora intenzitással suhintott vele, hogy a lovak olyan energiával léptek előre, amiről még ők sem tudták, hogy van nekik, és a hátsó kerekek a szilárd talajra érkeztek a folyó szélén, és a lovak olyan életerővel vetődtek előre, mint a versenylovak.

Miután mindannyian a fűre és hóra értünk, leszálltunk, megöleltük egymást, és áldottunk Johnt a tettéért, és Ulah és Lulah úgy megpuszilgatták, hogy elpirult. Norma Lea áldotta és puszilgatta a lovakat mindez alatt, és a higgadt Mrs. Mac, aki ritkán fejezett ki bármit felénk, úgy nézett ránk mosolyogva és büszkén, mint egy anyatyúk a kiscsirkéire."

TIZENEGYEDIK FEJEZET

„**K**ét napig pihentünk ott. Csak akkor vettük észre az ajándékot, amit Mrs. Mac adott nekünk, amikor a jég elkezdett olvadni és megtörni. Ha nem utaztunk volna hóban és hidegben, akkor elsüllyedtünk volna a folyóban és megfulladunk. Mindannyian áldottuk Mrs. Macet és megköszöntük neki, habár úgy tűnt, hogy nem érti, amit mondunk, mi tudtuk, hogy az energia tapintható volt.

A harmadik reggelen újra elindultunk egy ismeretlen cél felé, és még mindig kértük, hogy felbukkanjon a hely, ahova tartozunk.

Még egy hét utazás után elfogyott az élelmünk. Nem ehettük meg a tehenet, mert kellett a teje Stormynak, a bika pedig megfulladt Mathildával és a többiekkel együtt; az egyetlen választásunk a borjú maradt. Levágtuk, megettük és szárított húst is csináltunk belőle az út hátralévő részére. Nyilvánvaló volt mindannyiunk számára, hogy a kevés maradék ételünk nem tart tovább öt napnál, szóval a fiúk, Jed, Josh és Joshua elindultak megnézni, hogy fel tudnak-e hajtani egy szarvast vagy vaddisznót, vagy néhány nyulat.

Még három hétig utaztunk és egyre több magas fa és széles legelő volt arrafelé. Küzdöttünk és többet pihentünk, hogy ételt találjunk. A pihenés jót tett a lovaknak, mert elkezdtek hízni, ahogy tavasszal kizöldült a fű. Mindannyian úgy kezdtünk el kinézni, mint a madárijesztők, még így is, hogy a fiúk hoztak húst, jó lett volna, ha van liszt, só és cukor, de ezek mind elfogytak.

Egyik reggel arra ébredtünk, hogy társaságunk van. Két indián, az egyik magas volt és elbűvölő toll fejdíszt viselt, a másik alacsonyabb volt, sisakja volt és mellvértje, és úgy nézett ki, mint egy hódító. Beszéltek hozzánk, nem volt akcentusuk, és nagyon tisztán, érthetően beszéltek.

'Üdvözlet, barátok, már vártunk titeket. Több holddal ezelőtt értesültünk az eljövetelekről még mielőtt leesett a hó, üdvözlünk titeket. Ez az a hely, amit kerestetek. Van számotokra ételünk, és meleg víz, amiben megpihenhet a testetek. Kérlek, kövessetek.'

Csak Norma Lea nézett ránk, és megkérdezte: 'Hallottátok őket beszélni?' Persze, mindannyian hallottuk őket beszélni, és Norma Lea ezt mondta: 'Nem vettétek észre, hogy a szájuk nem mozgott?' Annyira le voltunk nyűgözve tőlük és a viseletüktől, hogy senki nem vette ezt észre."

TIZENKETTEDIK FEJEZET

„A hogy mentünk a két férfi mögött, Mrs. Mac velük együtt haladt. Úgy tűnt, hogy nem beszélnek, vagy talán más nyelven beszéltek. Dél körül megérkeztünk egy kis indián sátrakból álló településre. Nem voltak gyerekek ebben a táborban, csak középkorúak és idősek. A hosszú élet és szomorúság lengte át a helyet, amit nem értettünk, de örültünk, hogy boldogok voltak a megérkezésünk miatt. Ahogy leszálltunk a szekerekről, és elkezdtük leszerszámozni a lovainkat, Stormy köré gyűltek izgatottan, aki nevetni kezdett, mintha csiklandozták volna. Ez egy olyan hang volt, amit korábban nem hallottunk tőle, mert határozottan inkább a nevére emlékeztetett.

A törzs női tagjai közülük valóként ölelték át Mrs. Macet, és egy férfi, a legfiatalabb a csoportban odasétált hozzá, és olyan melegséggel ölelte át, amilyet általában családtagoknál látunk, Mrs. Mac mosolya arra utalt, hogy ő ugyanezt érzi a férfi iránt. Odasétált hozzánk és enyhe akcentussal szólt. 'Üdvözlet barátaim, Futó Szarvas vagyok, ő az édesanyám. Ti Mrs. Macnek hívjátok. Elmesélte, hogy apám meghalt, és az út nagy részét is. Van készen ételünk, és miután ettetek, elviszünk titeket a fürdőhelyre, hogy a víz táplálja és felfrissítse a testeteket. A férfiak elviszik a lovaitokat a legjobb füves területhez; ne aggódjatok, nem fognak elszaladni. Ez az otthonuk, csakúgy, mint a tiétek.'

Amíg nem mondta, hogy ez az otthonunk, nem is merengtünk ezen, valóban ezen a helyen lenni más érzés volt, mint bármi eddig, és tényleg volt benne egy nagyon békés ismerősség is, mintha mindig is itt lettünk volna.

Az ételünk őz hús volt és valami, aminek csirke íze volt, de puhább volt, és nem volt csontja. Ismeretlenek voltak a zöldségek és a magvak, de hetek nélkülözése után olyan volt, mintha meghaltunk volna és a mennyben lennénk. Volt egy furcsa kenyérféleségük, ami lapos és kerek volt, és a legjobb az volt, hogy volt só is, és valami édes, amiről később megtudtuk, hogy ez az ő különleges mézük."

TIZENHARMADIK FEJEZET

„**V**acsora után jött Futó Szarvas és ezt mondta: 'Jöjjetek most a fürdőbe, ez egy természetes forró vizes forrás, ami táplálja és gyógyítja a testeteket, és ezután nagyon békésen fogtok aludni.' Mindannyian felkeltünk, és követtük Futó Szarvast felfelé egy kis emelkedőn, majd lefelé egy kanyarulatnál, bele a folyóba, ami keresztül folyt a völgyön, és az élet központi része volt itt. Ulah May megkérdezte: 'Hogy hívjátok ezt a helyet?' 'Egyszerűen 'a helynek', felelte Futó Szarvas. Mindannyian csak bólogattunk és rájöttünk, hogy sokkal kimerültebbek vagyunk, mint gondoltuk. Ahogy a gőzölgő vízhez értünk, ami egy sziklákkal körülölelt mederből áramlott, elmondták nekünk, hogy ha forróbb vízre vágyunk, akkor csak néhány sziklát kell még megmásznunk, és ott találunk egy forróbb vízű tavacskát. Egyikőnk sem látott még ilyen helyet, és nem is igazán értettük, hogy mi az a forró víz, eddig csak a házban lévő kádról volt tapasztalatunk, ami gyógyhatású volt, és felváltva használtuk, vizet forraltunk vödrökben, és beleöntöttük a már hideg kútból kimert vízbe, ez pedig úgy nézett ki, mintha eleve forróbb lenne, mint bármilyen tűzről levett edény, és ez egy akkora meder volt, amibe a szekerünk, a lovaink, s mi is belefértünk volna egyszerre.

Az egész falu jött a medencébe, és miután megérkeztek, levették a ruháikat, mintha teljesen normális lenne az, hogy meztelenre vetkőznek idegenek előtt. Legtöbbünknél a ruha levétele csak új ruha felvételekor jöhetett szóba. Legtöbben még fürdéskor is magunkon hagytuk az alsóneműinket, kimostuk őket, és törölközőbe burkolództunk. Itt meg ezek az indián népek levetkőztek és besétáltak a vízbe. Hezitáltunk, majd elkezdtünk találgatni, hogy hogyan kerüljük ezt el anélkül, hogy gorombák lennénk.

Megjelent a két férfi, akik üdvözöltek minket, és elkezdték levenni a ruháikat. Eközben elkezdtek nagyon finoman beszélni és kántálni. Ahogy ez elkezdődött, minden gátlásunk eltűnt, és úgy kezdtük el lefejteni magunkról a ruháinkat, mintha mindig is ezt csináltuk volna. Norma Lea újra ezt suttogta: 'Még mindig nem mozgatják az ajkaikat, de hallom, hogy beszélnek', és ezúttal többen észrevettük ugyanezt. Amikor később visszatekintettünk erre, akkor jutott eszünkbe, hogy meg kellett volna kérdőjeleznünk, és lennie kellett volna bennünk annyi illendőségnek, hogy nem vetkőzünk meztelenre teljesen idegenek előtt, főleg, hogy legtöbben még egymást sem láttuk teljesen meztelenül, de nem tettük. Úgy éreztük magunkat, mint a gyerekek, akiknek a kíváncsisága legyűrte az értelmet, és szemérmetlenül bámultuk a meztelen embereket, akik szálltak be a fürdőbe. Furcsa visszatekinteni és felismerni, hogy léteztek ilyen dolgok, amiknek a gondolata sem merülhetett volna fel bennünk istenfélő társaság lévén. A legkülönösebb az volt, amit mindannyian meghökkentőnek tartottunk, hogy nem számított, hogy ki hány éves volt, senkinek nem voltak ráncai és megereszkedett bőre. Lehet azért, mert indiánok, de minden fehér bőrű ismerősünknek megereszkedett a bőre, és ráncos volt ötven éves korára. Úgy tűnt, hogy ezek közül az emberek közül egyáltalán senki nem öregszik, és a naplemente elhaló fényeiben nagyon nehéz volt megkülönböztetni őket.

Ahogy leszállt a sötétség és felkelt az újhold, s csak egy árnyas éberséget ajándékozott a csodás vízben fürdőzőkről, kiültünk a forró sziklákra relaxálni. A fülledt georgiai nyarakon is örömteli volt az úszásra alkalmas helyek hűvösében felfrissülni, de ez a meder a forró vízzel és a nyugalommal, amit éreztünk, elkezdte enyhíteni a merevségünket és a fájdalmainkat, amikhez annyira hozzászoktunk, hogy észre sem vettük, hogy léteznek, mindaddig, amíg ez a finom és cirógató víz el nem kezdte elszivárogtatni őket."

TIZENNEGYEDIK FEJEZET

„Ryan Boyle, aki Lulah May férje volt, lett a csoportunk vezetője, és úgy érezte, hogy az ő feladata a csoport vezetőitől megtudni, amit csak lehet, például azt, hogy biztonságban vagyunk-e itt, ki miatt kell aggódnunk, és mit várnak tőlünk. Sikerült neki megtalálni a két férfit, akikkel először találkoztunk, de rájött, hogy fogalma sem volt arról, hogy mi a nevük. Ahogy keresztül ment a tavon, és leült a mellettük lévő szabad helyre, mindannyian hallottuk, hogy ezt mondják:'Én Magas Toll vagyok, és a barátomnak pedig Az Ősi a neve'. (Nem volt kérdésünk arról, hogy ki kicsoda.) 'Tudnotok kell, hogy vártunk titeket. Jonathan MacDonald és Mrs. Mac elmentek megkeresni titeket. Hallottuk, hogy kértek egy helyet sok-sok holddal ezelőtt, és ők elmentek értetek. Mac volt az utolsó ember, aki keresett minket, ami sok évszakkal ezelőtt volt a múltban, és Futó Szarvas az ő fia. Futó Szarvas az utolsó gyermek, aki itt született. 'A hely' a világ legbiztonságosabb helye. Nem lehet véletlenül megtalálni, csak a szükséged és a kérésed hozhat el ide, amit ti imának hívnátok. Semmit nem várunk el tőletek, csak annyit kérünk, hogy folytassátok a hely tradícióit, és tegyétek magatokévá.'

Ryan hangosan beszélt, hogy mindenki hallja: 'Milyen tradíciók vannak itt, és mit kell adnunk nektek ezért a földért?'

Magas Toll újra megszólalt gyengéden: 'Nem kell fizetni a földért, mivel mi sem birtokoljuk, ő birtokol minket. Mi csak a gondozói vagyunk ennek a földnek, táplál minket és törődik velünk, nem fordítva. Nekünk ajándékozta magát, és most titeket is arra invitál, hogy táplálhasson.'

'Hadd magyarázzuk el' – mondta Az Ősi – 'régebben, mint ahogy elő tudnám pontosan hívni, az enyéimet megtámadták azok, akik azt a fegyverzetet viselték, ami most nekem van. Ezek az emberek kegyetlenek és gonoszak voltak, az arany fémet keresték, amit az enyéim találtak meg, és dekorációként használtak. Ezek az emberek üldözték az enyéimet, és amikor elmenekültünk, kértük, hogy legyen egy hely, ahol biztonságban vagyunk és amit nem találhatnak meg. Az őseim megszöktek egy utolsó nagy csata után, melyben a nagyapám ezt a fegyverzetet kapta, és megtalálták 'a helyet'. Hosszú évekig éltek itt a családok, és lassan, mivel sokan nagyon megöregedtek – de senki nem nézett ki idősnek – rájöttek, hogy nem jöttek gyerekek. A ti időszámításotokhoz viszonyítva az enyéim már többszáz évet éltek, és én vagyok az utolsó a törzsemből. Magas Toll a fiam, a ti időtökkel mérve ő többszáz éves, és csak akkor növekedhet a létszámunk, amikor újak érkeznek. Csak azok jöhetnek, akik kérik, hogy megtalálják 'a helyet', és nekik, újként, lehetnek gyerekeik. Több, mint 100 éve jött utoljára valaki 'a helyre', ő volt Mac. 100 éve nem született itt gyerek, az emberek szomorúak, és kérték, hogy jöjjenek újak és váltsák fel őket.

A ti eljöveteletekkel most sokan fognak elmenni a Nagy Lélekhez, mert beteljesítették az ígéretüket a földnek. Az ő választásuk lesz, hogy elmennek. Néhányan már eldöntötték, hogy mennek, de sokan kíváncsiak az új gyerekekre, amiket létrehoztok.'

'Ha azt választjátok, hogy tiszteletben tartjátok a földet, akkor beleegyeztek abba, hogy maradtok, és évszázadokon át fogtok élni, és csak az újakkal lesznek közös gyerekeitek. Nehéz lesz és örömteli is. Mindig megvan a jogotok ahhoz, hogy távozzatok, és sokan meg is teszik majd. A legtöbben időszakokra mennek el, nem több, mint negyven évre, és utána visszajönnek, és itt maradnak az életük hátralévő részére. Ez mindig választás kérdése, de kevés olyan hely van a földön, ami ennyire tápláló és ennyire törődik veletek, mint 'a hely'.

Mindannyian döbbenten ültünk, nem akartuk elhinni ezt, azt akartuk hinni, hogy az öregember hazudik, és ugyanakkor az elmondása könnyedsége eloszlatta minden kétkedésünket, és az elmondottak egyszerűsége és igazsága túl szépnek tűnt, hogy igaz legyen.

Nem volt több beszélgetés azon az éjjelen, mindannyian lefeküdtünk, kivonszoltuk magunkat a medencéből, annyira el voltunk lazulva, hogy alig bírtunk mozdulni, és bekúsztunk az ágyba, priccsre, hálózsákba, vagy akár még az indiánok sátraiba is, az ismeretlen állatok finom bundáira. Egyikünk sem gondolkodott aznap éjjel, és reggelre minden kételyünk eltűnt, és totális kíváncsiságban voltunk, és szükségünk volt más lehetőségekre. Rendkívüli dolog, hogy amikor valaki az igazságot hallja, könnyedség és helyesség jelenik meg, s amikor a hazugságot, az mindig nehéz érzés. Az éjjel tündöklőbbé tette az igazságot, és tapintható volt a bizalmunk ezekben az emberekben. Megbeszélés nélkül is elköteleződtünk a földhöz, és valahogyan mindannyian tudtuk ezt. Attól a naptól kezdve soha nem volt olyan megbeszélés, amihez szavazás kellett volna, csupán tudtuk, hogy mindenki mit gondol mindenről."

TIZENÖTÖDIK FEJEZET

J ed bácsi három napon keresztül mesélte ezt a történetet. Minden napnak úgy lett vége, hogy elaludtam, ahogy dörzsölte a talpam. Viszont az utolsó napon teljesen a kételkedésem határait feszegette. Tudtam, hogy elhiszi ezt a szarságot, de én tutira nem akartam belemenni ebbe. Hogy a fenébe képes bárki, akinek van egy kis sütnivalója, elhinni, hogy ez a szarság igaz lehet? Az ajtó újra nyikorgott és ott volt a gyönyörű Ruth a reggelivel. Jó illata volt, ő pedig jól nézett ki, és még mindig azt akartam hinni, hogy a világ annyira normális, mint a baleset előtt. „Jó reggelt Ruth, mi van reggelire?"

„Jó reggelt Jacob. Szerintem te is gyönyörű vagy. A mai reggeli tojás és őz steak. Megfelel? Ma a közösségünk többi tagja is szeretne bemutatkozni neked. Rendben?"

„Nem vettem észre, hogy mások is vannak itt. Hogy lehet, hogy nem érzem őket úgy, mint téged, Jed bácsit és a fiúkat?"

„Nem akarták megzavarni a gyógyulásod, Jacob, és azt akarták, hogy kényelmesen érezd magad, így távol tartották a jelenlétüket tőled, főleg azért, hogy képben legyél a dolgokkal, mielőtt hozzáillesztted őket a többi darabkához azzal kapcsolatban, hogy mit jelent a „helyen" tartózkodni."

„Most bejöhetnek és bemutatkozhatnak?"

Ahogy nyikorogva kinyílt az ajtó, egy lélegzetelállító nő lépett be az ajtón, a harmincas évei közepén vagy a negyvenes évei elején lehetett. „Helló, Stormy Lancaster vagyok, ő pedig a férjem, John."

„Helló, Jacob, az én nevem Futó Szarvas" – mondta, miközben nyújtja a kezét, hogy kezet rázzunk. Ahogy megrázza a kezem, érzek egy különös csusszanást, mintha az ágyam elmozdult volna, majd visszament volna oda, ahol volt. Úgy érzem Futó Szarvast, mint ahogyan a fiúkat éreztem, és Jed bácsit és Rutht, és a világom megmagyarázhatatlan módon kiterjed.

„És ő bizonyára Norma Lea" – mondom a tőlem telhető legszarkasztikusabb hangon.

Elneveti magát, és tudom, hogy rajtam nevet, és ez valamiért tetszik nekem, és elkezdek én is vele nevetni. A nevetéssel eltűnik a szükség, hogy szkeptikus legyek, és rájövök, hogy van egy halvány felismerésem ezekről az emberekről, amit csak úgy tudnék leírni, hogy egy valahova tartozás érzete, és mégis hiányzik az az érzet, hogy ez valós lenne vagy normális, ez pedig ott kísért az elmém egy eldugott részén, és a múlt diktátora ott sikítozik, hogy ez nem lehet igaz, és ne higgyem el. „Jacob" – mondja Norma Lea, „Minden igaz, amit Jedtől hallottál. Tudom, hogy milyen nehéz elhinni, hogy az emberek többszáz évig élhetnek nem öregedve, ez nem úgy működik, mint az, amit te 'valós világnak' hívsz, de érdemes fontolóra venned azt, amiről a Biblia is ír, hogy vannak olyan emberek, akik többszáz évig élnek. Mi vagyunk az élő példái ennek a lehetőségnek."

Nem tudom, hogy mit mondjak, és kiakad az agyam, hogy ez igaz lehet. Ellentmondásokat keresek, de az öregedés látszólagos hiánya is elég halvány pillér. Azt akarom hinni, hogy ez egy hatalmas átverés, de nincs túl sok pénzem, és az éberségem arról, ami van és volt köztem és Ruth között, nagyobbnak tűnteti ezt fel a valósnál. Hogyan tudnék megbékélni azzal, amit eddig igazként ismertem, és ezzel a más valósággal, amit most megmutatnak?

Norma Lea az ágyhoz lép, előrehajol, és megcsókolja a homlokomat. Megint jön az a furcsa érzés, hogy mozog az ágy és csúszkál a világ, és tudom, hogy érzem őt, és ezzel együtt éberségem lesz mindenkiről a faluban, érzem a fákat, a növényeket, az állatokat, és ahogy lehunyom a szemem, mérföldekre érzékelem a világot, és a folyót, és a forró forrást, a házikókat, és többezer más dolgot, amiknek létezés érzete van és öntudata, amire azt hittem, hogy csak az emberek képesek.

Futó Szarvas odalép hozzám, leül az ágyra, ugye milyen barátságosak? Senkinek nem mondtam, hogy üljön le, és mindannyian a székeken ülnek a szobában.

„Jacob, nem kérünk rá, hogy elfogadd a valóságunk – a szkepticizmus és a zavar az információ hiányából fakad. Norma Lea az előbb megnyitott téged egy olyan éberségre, ami a kezdete annak, amit ismerni fogsz, és ami elérhető számodra. Azért vagyunk itt, hogy megadjuk neked az információkat, amiket szeretnél, de csak akkor tudjuk ezt megadni neked, ha kérdezel tőlünk. A kéretlen információ elrothad és elgennyesedik az elmében, ha nincs megtisztítva az éberséggel arról, amit már vagy tudsz, vagy amit igazként felismerhetsz." Az enyhe akcentus, ami egyezik Jed bácsi sztorijával, annyira valós, hogy összezavar és intrikál. „Oké, szóval hányan vagytok itt és hányan születtetek 1860 előtt?"

TIZENHATODIK FEJEZET

„Huszonnyolcan születtünk 1860 előtt, és van még ezen kívül ötven tagunk, vannak, akik 1860 után születtek. Néhányan a kérésükre találták meg 'a helyet'. Nincs mindenki velünk jelenleg, vannak néhányan, akik elmennek a külvilágba, hogy megtalálják azokat, akik minket keresnek, habár gyakran nem tudják, hogy mit keresnek.

Te mondd meg, hogy hányan vannak most a táborban. Használhatod az érzékeidet a számoláshoz, vagy csak engedheted, hogy a tudás megtöltse az elméd a válasszal."

Arra a helyre sodródok, ahol a kiskacsákkal voltam, s ahol az öböl volt, és hirtelen, varázsütésre, tudom, hogy jelenleg hatvanhét ember van itt.

„Igen Jacob, ez így van, hatvanheten vagyunk jelenleg a közösségünkben" – mondja John.

Most hallom először Johnt beszélni, olyan az akcentusa, mint a Ruthé, úgy érzem, hogy van valami, amiről tudnom kellene, de nem tudok rájönni, hogy mi az. „Oké, van egy kérdésem.

Hogy lehet az, hogy ha mindannyiótoknak ugyanannyi évesnek kellene lennetek, mint Jed bácsinak, akkor miért van az, hogy ő sokkal öregebbnek néz ki, mint ti?"

John beszél. „Nos, rájöttünk, hogy vannak olyanok, akik más lehetőséget keresnek az életben, csakúgy, mint te. Mindig azt a helyet kérik, ahova tartoznak. Jed eldöntötte 1916-ban, hogy el akar menni és látni akar valamennyit a világból, és elment kalandokat keresni. Ha ötven évig ugyanott élsz, akkor kell, hogy elmenj néhanapján. Már korábban is elment rövidebb időkre, de mindig olyan érzettel tért vissza, hogy a világ egy elég őrült hely, és ez idővel megszépülhet. Az egyik legnehezebb dolog abban, hogy az itteni éberséggel élsz, az, hogy egy idő után érzed, hogy mi történik világszerte, és ugyanúgy fájnak a háborúk és éhínségek helyei, mintha mi is ott lennénk. Mindenesetre Jed elment 1918-ban, tudván, hogy nemsokára vége lesz annak, amit az első világháborúnak neveznél, és gyógyítani akarta a világot, amennyire csak tudja, és elindult megkeresni azokat, akiknek szükségük lehet rá, amikor a modern orvoslás nem válik be. Állást kapott egy kórházban, ami a háború utáni mentális összeomlásokra specializálódott, kórházi szolga volt ott. Mivel az általa gondozottak elkezdtek csodával határos módon meggyógyulni, és sikerült kijönniük a zavart állapotukból, elkezdtek olyan pletykák terjedni róla, hogy a hit által gyógyít.

Egy nap egy nő jött a kórházba, Jed akkoriban huszonöt évesnek nézett ki, a hölgy pedig harminc volt. Jed megpillantotta, és tudta, hogy ő az a nő, aki gyerekeket szül neki, és olyan fontos lesz neki, mint a lélegzet. A hölgy fivére a kórházban volt egy másik kórteremben, annyira zavart volt, hogy nem tudták, hogy valaha helyre jön-e, és rá akarták venni a hölgyet, hogy költöztesse át egy elmegyógyintézetbe, hogy ne kelljen foglalkozni vele többé. Lenora volt a neve, és olyan családból származott, akik a tent revival sátras gyülekezethez tartoztak már évek óta. A kórházi szolgák kedvelték Lenorat, mert kedves volt és törődő akkor is, amikor a legtöbben mérgesek voltak. Meséltek neki a különc férfiről, aki jelenlétében a páciensek jobban lettek, amikor az orvosoknál nem, és felkereste őt.

Jed már eddig is bajba került néha néhány orvos miatt, de a nővérek olyan sok segítséget kaptak tőle, és olyan sok felépülést láttak, hogy mindent megtettek, hogy megvédjék őt.

Lenora felkereste, belenézett a szemébe és felismerte, hogy ez a dolog igazi, hogy Isten tényleg küldött egy angyalt, hogy megsegítse őt. Elmentek a parkba sétálni, és három óra beszélgetés után meggyőzte Jedet, hogy segítsen neki. Az orvosok kidobatták Jedet Leonard kórterméből, amikor megjelent ott Lenoraval, úgy tűnik, hogy a hírneve megelőzte őt.

Lenora meghívta Jedet, hogy lakjon velük a házukban, és fizet majd neki azért, amit a testvéréért tesz. Beleegyezett, igazából a pénz meg a többi semmit nem jelentettek neki, még fizetett is volna, hogy vele lehessen.

Lenora hazavitette Leonardot és Jed is oda költözött. Két napig tartott, hogy Leonard lenyugodjon, és még négy hónapig, hogy működőképes legyen. Ezekben a hónapokban az angyalból ördög lett bizonyos szempontból, és Lenora el volt ragadtatva, testileg és lelkileg is. Hat hónappal később már házasok voltak, Leonard pedig énekelt, táncolt, velük és értük nevetett.

Nyolc hónappal később 1920. április 1.-én megszületett az első gyerekük, Rebecca.

A következő hat évben még három gyerekük született, és mindegyikkel egyre nőtt a vágy Jedben, hogy visszatérjen 'a helyre'. Az évek során beszélt Jed a helyről, de soha nem említette a valódi korát, és annyira szerette Lenorat, hogy folyamatosan bevette Lenorának azt az elképzelését, hogy muszáj a családjával lennie, és a dédnagyapja által épített családi házban kell maradnia. Rájött, hogy soha nem tudja elhitetni vele, hogy amire képes, annak semmi köze Isten szeretetéhez és ajándékához.

1926-ban Leonard elvett egy pompás fiatal nőt, Barbarát, és egy éven belül megszületett a lányuk, Ruth.

A tőzsde bedőlésekor elveszett a családi vagyon, és csupán a ház maradt. A két pár és a gyerekek összeköltöztek, és albérlőket vettek fel, hogy legyen valamennyi bevételük. A családi ház egy húsz hektárnyi területen állt, amit a felnőttek elkezdtek növényekkel beültetni. Elég jól ment, mindaddig, amíg a nyulak fel nem fedezték a zamatos tök és saláta zsenge hajtásait, és a répa tetejét, ami nem nő tovább, ha lenyírod a zöld részét. Nehéz volt húshoz jutni, és nem volt elég pénz megfizetni a fűszerest, így Jed megbeszélte a hentessel, hogy adjon nekik nyulat lisztért cserébe. Szerencsére megtanulta Mrs. Mac trükkjét, hogy megbeszélje a nyulakkal, hogy feláldozzák magukat a család megsegítése érdekében. Így nőtt a komfort érzése a pároknak és a gyerekeiknek."

TIZENHETEDIK FEJEZET

A tűz ropogására ébredtem. Bizonyára hideg van kint, ha bent ég a tűz. Vajon mikor gyújtották be, átlátok a behúzott függönyön, és érzékelem a hideget, ami nyilvánvaló az égbolt sötétségéből, és hogy ez egy nagyszerű nap az olvasáshoz és az ágyban vackoláshoz.

A fiamra gondolok, nyikorogva kinyílik az ajtó, és Roy lép be egy öl fával.

„Helló Roy, mi újság? Tényleg hideg van kint?" Persze mikor kinyitotta az ajtót, éreztem a hűvös szelet.

„Nagyon vicces vagy Mr. Rayne, már tudod a választ és érzékeled a változást az időjárásban, akkor miért kérdezel ilyen butaságot?"

Rájövök, hogy igaza van, a másik világomban ostoba dolgokat mondunk, mintha muszáj lenne kommunikálni, és hirtelen éber leszek arra, hogy más módot kell választanom, ha olyan emberekkel vagyok, akik már tudják, amit én tudok, és nem kell úgy tennünk, mintha nem lenne lehetséges, hogy teljes éberségünk van mindenről, ami elérhető számunkra.

„Tudod Mr. Rayne... oké, Jakenek szólítalak, ha szeretnéd, tudjuk, és nem akarunk kikészíteni, szóval bármit is kell mondanod, tiszteletben tartjuk... és Rob és én szeretünk kicsit másokkal packázni, szóval tudatjuk veled, hogy mit kell tudnod arról, amit tudsz, amit már tudunk, tudod, hogy értem?"

A mosolya mindent elárul. Az édesség és kedvesség, amivel helyretettek, határtalanul szórakoztat, és nevetek attól az intenzív, édes örömtől, amiről azt hittem, hogy csak a gyerekemmel lehetséges. Ahogy elhal a nevetés, azon tűnődöm, hogy vajon a fiúk raktak-e tüzet, és azon a fura módon jöttek be, amihez nem kell az ajtók vagy falak együttműködése.

„Jake nincs igazad, ha azt hiszed, hogy az ajtók vagy falak nem működnek együtt. Azok is olyan molekulák, mint mi, rezgünk, hogy megteremtsük a látható világot, és emiatt ugyanazon a szinten kell rezegnünk, mint ők, hogy ne akadályozzanak minket a mozgásban akként a térűrként, amik vagyunk, együttműködésben az ő rezgésükkel, hogy engedjék, hogy keresztül haladjunk rajtuk, ahogy te mondanád."

Köszi Roy, mindig úgy érzem, hogy évekkel le vagyok maradva tőletek abban, amit tudtok, és ahogy működtök a világgal, amiről hinni akarom, hogy létezik, de annyira nehéz azt gondolni, hogy minden az ellenkezője annak, aminek látszik."

„Jake, amit hiszel, az megállítja azt, amit érzékelhetsz és tudhatsz. A hiedelmeidet azért választottad, hogy olyannak értsd a világot, amilyennek mások látják, és ahogyan leírták neked. Mi itt hiedelmek nélkül működünk, de teljes éberségből, szóval nem kell hinnünk, hogy kételkednünk kell abban, hogy igaznak hisszük-e azt, ami valójában nem igaz."

„Roy, úgy beszélsz, mint a főiskolai filozófia professzorom, kivéve, hogy ő mindig azt próbálta belém sulykolni, hogy hinnem kell abban, amit nem látok. Nagyon különös egy olyan tizenkét évessel beszélni, aki többet tud, mint a bölcsesség hírnökei."

„Ki mondta, hogy tizenkettő vagyok?"

TIZENNYOLCADIK FEJEZET

És ezzel eltűnik. Gyanítom igaza van, csak feltételeztem, hogy tizenkettőnek kell lennie, mert annyinak tűnik a teste, de ha Stormy huszonöt – harmincnak néz ki, és az 1860-as években született, akkor a fiúk sokkal öregebbek lehetnek, mint amilyennek kinéznek, és bizonyára mindenki más is.

Nyikorog az ajtó, és belép „ő" egy újabb tálca szalonnával és tojással, és pirítós illatot érzékelek, és még valami nagyszerűt.

„Jó reggelt Jacob. Hogy érzed ma magad?"

Hirtelen rájövök, hogy tudja, hogy hogy érzem magam, és hogy ezeket a kérdéseket itt soha nem kell feltenni. Ezen a gyönyörű nőn tűnődök, akit ismerek, és oly' régóta a része vagyok, mit kellene mondanom, és mit kell mondani és hol kezdjem.

„Jacob, már tudom, hogy mit gondolsz és minden éberségem megvan rólad, amire valaha szükségem lehet, mert együtt vagyunk. Talán azt kellene, hogy te tegyél fel nekem kérdéseket, hogy tisztán láss, és megkapd a békét, ami akkor ér, amikor megbizonyosodsz arról, amit csak sejtesz."

Hirtelen előjön a sztori Jedről és a szerelméről, Lenoraról, és hogy Leonardnak és Barbaranak született egy lányuk, Ruth, 1928-ban. Nem, ez nem lehet, ha ez igaz lenne, hiába néz ki velem egyidősnek, majdnem háromszor annyinak kellene lennie.

„Igen Jacob, Barbara és Leonard a szüleim voltak, és habár régebb óta vagyok a földön, mint te, ez nem feltétlenül jelenti azt, hogy idősebb vagyok."

„Oké Ruth, most már el kell mondanod a John és Futó Szarvas által elkezdett történet többi részét."

TIZENKILENCEDIK FEJEZET

L eteszi a tálcát az ágyra, és ahogy elkezdek enni, olyan érzékelést tapasztalok meg, hogy változik az idő és a térűr, és hogy ezután a beszélgetés és étkezés után minden, amit eddig hittem, eltűnik.

„Jacob, amikor nyolc éves voltam, akkor a szüleim meghaltak egy autóbalesetben, már akkor is Jed bácsival és Lenora nénivel éltem, és Rebeccával, és inkább testvérnek éreztük egymást, mint unokatestvérnek, mi gyerekek mindent együtt csináltunk.

Lenora néni gyűlölte a depressziót, és annyira nehéz volt neki a családi házat bérlőknek kiadni, hogy Jed bácsi úgy döntött, tennie kell valamit. Az egyik képessége, amit még fiatalon fedezett fel, az volt, hogy képes volt a földbe temetett fém tárgyakat megtalálni. A családi otthon a keleti parton van, és a híres polgárháborús csatatérre épült. Jed bácsi elkezdett régi fém tárgyakat találni Lenora néninek, aki még a régi vagyonos életéből ismert néhány gyűjtő családot, és eladta ezeket nekik. Jed bácsit egyik útja az erdőbe vezette, ami a főúttal határos volt, és ott talált egy elásott kemény dobozt.

$4000 volt benne arany érmékben. Akkoriban ez egy vagyon volt, és bár soha nem tudták meg, hogy egy konkrét valakié volt-e, vagy csak egy gengszteré, akit megöltek, a család visszakerült abba a helyzetbe, hogy volt pénzük. Lenora néni bejárta a szomszédságot és a szomszédos városokat ezzel a pénzzel, és olyan antik tárgyakat vásárolt, amiket az emberek a padlásokon és a pajtákban hagytak. Ismerte ezeket a dolgokat még azokból az időkből, amikor az első világháború után utazgatott.

Mivel a családja a gazdagok közé tartozott, ismerte az ékszereket, és elkezdte felkeresni azokat, akik el akarták adni, majd elutazott New Yorkba, hogy felvegye a kapcsolatot régi barátokkal, akiknek még mindig volt pénzük, és eladta nekik, amiket talált. Apukám és anyukám is beszálltak a rendszerbe, és hamarosan saját klientúrát alakítottak ki. Apa régi háborús cimboráinak volt pénze és munkája is, és ő és anya tudtak venni egy autót, amivel könnyebb lett megtalálni és mozgatni az antik tárgyakat és az ékszereket, amiket találtak. Így gyilkolták meg őket. Hazafelé tartottak Chicagoból, egy bevásárló útról, amikor a rendőrség üldözőbe vett néhány alkoholcsempészt. Az egyik rendőr véletlenül lelőtte apát, az autó lesodródott az útról és anya is meghalt.

Az életem megváltozott ezután. Lenora néni elveszítette a lendületét és alig hagyta el a házat. Jed bácsi egész jó volt dolgok megtalálásában és ésszerű felvásárlásukban. Ahol Lenora nénit kemény vevőnek és eladónak ismerték, aki mindig a legtöbb nyereséggel dolgozott, ott Jed bácsit tisztességesnek ismerték meg mindkét területen. Furcsa volt Lenora néninek, hogy még amikor Jed bácsi többet fizetett valamiért és kevesebbért adta el, akkor is egyre gazdagabbak lettek.

1941-ben a japánok megtámadták Pearl Harbort. Jed bácsi fiai bevonultak. A legidősebb tizenkilenc éves volt a támadás napján, és két nappal később bevonult. Ő volt Harry. A fiatalabb testvérének várnia kellett a tizennyolcadik születésnapjáig, ami 1942 májusában volt. Háborúba mentek, bármennyire is nem szerette volna ezt Jed bácsi, aki sokkal jobban érezte, mint mások, hogy mekkora paródia ez a háború.

1943-ban egy dél csendes-óceáni szigeten Harryt megölték. A testét elhozták az otthonunkba és a családi telken temették el. Lenora néni feldúlt volt, és elkezdett minden nap imádkozni azért, hogy Henryt megmentse Isten a rá váró katasztrófától.

Rebecca barátja, Jimmy, eldöntötte, hogy itt az ideje neki is bevonulni, Rebecca pedig ragaszkodott ahhoz, hogy azonnal összeházasodjanak. Gyönyörű volt az esküvő a családi otthon tavaszi kertjében, s öt nappal később Jimmy elment a háborúba. Pontosan kilenc hónappal később megszületett az első gyerekük, Damon. Lenora néni végre kilábalt a depresszióból, mivel a gyerek minden volt, ami reményt és jövőt ígért.

Henryt a normandiai partraszállás napján ölték meg, és Lenora néni innentől kezdve ágynak esett az elkövetkező negyven évre. Soha nem volt teljesen jól ezután, mindig úgy tűnt, mint aki egyre inkább elsorvad, ahogy néha szellemként keresztülsiklott a házon.

Rebecca férje hazajött a temetésre és eldöntötték, hogy a gyereküknek jobb lesz, ha saját helyet keresnek maguknak, miután hazajött a háborúból. Christine, a klán legfiatalabbja, eldöntötte, hogy a családi otthon meg van átkozva, ezért New Yorkba megy lakni, és soha senki nem fogja tudni rávenni arra, hogy visszatérjen erre az elátkozott helyre. Jed bácsi esdekelt neki, míg Lenora néni jóindulatúan és higgadtan mosolygott, nem tudván mi zajlik körülötte. Christine visszautasította, hogy bárkire hallgasson, kiviharzott a házból azt kiabálva, hogy Jed bácsi bolond, az anyja pedig a rossz szerencse és a halál megtestesülése. Soha többé nem tért vissza a házba."

HUSZADIK FEJEZET

Figyeltem, ahogy Ruth mesélte a történetet, és éreztem azt a szenvedést, ami értelmetlenné tette az életem, a szerelmeim és a válásom. Valamint megértettem a kor és a bölcsesség jelenlétét, ami Jed bácsi része volt. Csak elképzelni tudtam, hogy milyen lehet elveszíteni a gyerekeket ilyen fiatalon, és tudni, hogy semmit sem tehetsz.

„Na és mi történt Rebeccával? Jed bácsi azt mondta, hogy feladta még mielőtt az ikrek megszülettek volna. Ez hogy történt?"

„Jacob, Rebecca férjének hazalátogatásából származnak az ikrek."

A fejem újra forogni kezd, mert ha ez így van, akkor az ikrek valójában a háború termékei, és egyáltalán nem tizenkét évesek.

„Így van, Jacob. Az ikrek Rebecca szerelmének gyümölcsei, és annyira imádta a férjét, hogy amikor egy repülőgép-szerencsétlenségben megölték Grönlandon, úton Európa felé, megállapította, hogy a családja otthonában a halál egy szívesen látott árnyék volt.

A terhessége alatt Jed bácsi eldöntötte, hogy fontos, hogy elhozzon engem és Rebeccát meglátogatni a rokonokat nyugaton. Még soha nem hallottunk ezekről a rokonokról, és mindketten kíváncsiak voltunk és meghökkentünk, hogy ez soha nem volt a családtörténetünk része. Mindannyian azt feltételeztük, hogy Jed bácsi árva volt, vagy ilyesmi, mivel soha nem beszélt a családjáról.

Bepakolt minket az autóba, és elindultunk a nyugati part felé; Lenora néni nem volt túl boldog, hogy elmegyünk, de volt egy csodás fekete hölgy, aki velünk lakott Henry halála óta, az egyik cimborájának az anyukája, akit szintén ugyanakkor öltek meg. Nem volt már családja, így eljött a mienkről gondoskodni. Katie volt a neve, és valahogy jobban megértette Lenora nénit, mint bárki más, beleértve Jed bácsit is.

Egy késő délután eljutottunk az úthoz, ami 'a helyhez' vezet, megállítottuk az autót pont miután elmentünk egy farakás mellett, és az útnak valahogyan vége volt. A késő délután árnyékában ott állt kb. 30 ember. Nem értettük, hogy honnan tudták, hogy ott kell lenniük, és ahogy neked is, nekünk is nagyon sokat kellett tanulnunk arról, hogy miben mások ők, mint mindenki más a világon. A hely békéje balzsam volt a lelkemnek és a szüleim halála óta először érzékeltem, hogy az élet tényleg lehet jó és örömteli.

Rebecca minden múló nappal egyre zaklatottabb lett, mindannyian próbálták neki megmutatni, hogy a férje elvesztése nem az élete vége volt, hanem a fiai életének kezdete. Soha senki nem kételkedett abban, hogy ikrei lesznek, de soha senki nem is magyarázta meg, hogy honnan tudták. Jed bácsi sok-sok hosszú napot töltött azzal, hogy megmutatta neki a helyet, sétáltak az erdőben, elvitte őt a fürdőhöz, és ez mind annak a kísérlete volt, hogy visszaincselkedje őt az élet szépségeihez. Legtöbbször én is velük mentem, figyeltem és láttam és éreztem a hely nagyszerűségét. Elkezdtem gyógyulni.

Rebecca és én pont ebben a házikóban éltünk akkoriban, és egy ágyban aludtunk. Minden éjjel beszélgettünk, és kb. nyolc hónap múlva jöttem rá, hogy az ő kívánsága az volt, hogy elmehessen. Arról beszélt, hogy szeretne Harryvel és Henryvel és 'az ő Jimmyjével' lenni. Elmondtam Jed bácsinak, aki átölelt és azt mondta, hogy tiszteletben kell tartanunk a választását. Annyira keményen próbálkozott azzal, hogy meggyőzze és meggyógyítsa őt, és csakúgy, mint Lenora néni esetében, végül nem tudta megváltoztatni azt, amit ő nem akart megváltoztatni.

Miután az ikrek megszülettek, és a szülés csupán két óra volt, ideadta nekem a babákat és megkérdezne, hogy magamhoz venném-e őket, és felnevelném-e őket sajátomként. A könnyeim és esdeklésem sűrűjében ott ültem vele, amint eltávozott ebből a világból.

A fiúk, Rob és Roy, attól a naptól kezdve, 1947. április 29-től, rám vannak bízva, de az egész csoport élvezettel nevelte őket, és az összes különböző energia és éberség körében kifejlesztettek néhány olyan különleges képességet, amiket te is megtapasztaltál.

Nos, valószínűleg elég sok ennyi mindent befogadni most, szóval elmegyek és reggel találkozunk." Olyan intenzív kecsességgel és mozgékonysággal hagyja el a szobát, hogy eláll a lélegzetem, és máris hiányzik, úgy érzem, hogy valaki megcsókol és megsimogat, ahogy csendesen becsukódik az ajtó.

HUSZONEGYEDIK FEJEZET

J ed bácsi bejön a szobába, vicces, hogy ez olyan, mintha az
„én szobám" lenne, mivel már olyan régóta én foglalom el.

„Nos Jacob, sokat tanultál rólunk az elmúlt néhány hétben,
mi mást kell még tudnod, hogy feladd a szkeptikusságod
utolsó darabkáit?" Ahogy Jed bácsi megérinti a lábaimat,
és jön az a fura érzés, ahogy a molekulák összekoccannak,
rájövök, hogy még mindig nem értem, hogy miért Jed az
egyetlen idős ember itt.

„Jacob, az egyik dolog, amit megtanultunk 'a helyről' az, hogy
mindaddig, amíg itt tartózkodsz, nem öregszel túl sokat, és
ha elmész, viszont nem mész el negyven évnél többre, akkor
sem öregszel. Amikor Lenoraval találkoztam, megígértem
neki, hogy az élete hátralévő részét vele töltöm. Miután a
fiúk meghaltak, elvesztette a kapcsolatot a valósággal, és
mindegy, hogy mennyire próbáltam rávenni őt arra, hogy ide
jöjjön, az otthonában akart maradni. Miután Christine New
Yorkba költözött és Lenora elkezdett a távolba sodródni, és
Rebecca megszülte itt a gyerekeit, tudtam, hogy vissza kell
mennem Lenorahoz. Vele éltem a következő negyven évben,

egy házban, amiről én gondoskodtam, és ahogy öregedett, elfelejtette, hogy én vagyok a férje és eldöntötte, hogy én vagyok a komornyik és az ezermester. Christine soha nem látogatta meg az édesanyját; néhanapján kaptam tőle egy levelet, és megtudtam valamennyit az életéről. Soha nem házasodott meg és színésznőként Broadway sztárként élt. Szerettem őt, de megváltoztatta a nevét, hogy senki ne tudja meg, hogy honnan származik, és történeteket talált ki, hogy feltalálhassa magát. Imádtam a leveleit és mindig megkérdeztem, hogy megengedné-e, hogy meglátogassam, de mindig nemet mondott. Végül minden gyerekemet elveszítettem, de még itt vannak nekem a fiúk, az unokáim."

Jed bácsi leveszi a kezeit a lábaimról, és az összekoccanó molekuláim furcsa érzete egyre növekszik, és a testem egyre inkább térűrnek érződik, és kevésbé súlyos, mint eddig bármikor.

„Szeretnél sétálni ma egy kicsit, Jacob?"

A testemből kiáradó azonnali és intenzív öröm, még a gondolataim és vágyaim nélkül is, olyan furcsa érzetet nyújt, mintha lenne valamilyen életerő a testemben, ami anélkül választott, hogy meg kellett volna kérdeznem. Soha korábban nem éreztem ezt az energiát és elevenséget. „Igen, mindenképpen!"

Jed bácsi nevet, azzal a csodás, gurgulázó nevetésével, ami megtisztítja a lelked, és sokkhullámokat küld a testedbe, és megfogja a kezem.

„Jacob, lassan kell csinálnod. Nagyon sokat gyógyultál, de még vannak olyan dolgok, amiknek vissza kell mozdulniuk oda, ahol voltak, hogy teljes legyen a vér- és energia áramlás, ami valójában meggyógyítja a testet."

Fogja és gyengéden az ágy széle felé húzza a lábaimat, és elkezdi leengedni őket, miközben húzza a bal karom, és a testem ülő pozícióba mozdul, amit legalább hat hete nem tapasztalt. Ahogy végre ülő pozícióba kerülök, és a fenekemre helyezem a testsúlyom, mintha egy jégcsákány szabdalna a gerincemen végig, felszúrva az agyamat a csorba széleivel, s vágyom az eszméletvesztésre, ami emlékeztet engem és a testem arra az éjjelre az úton. Elkezdek a sötétség menedéke felé csusszanni, ami a mentsváram a fájdalomtól, de Jed bácsi visszazörrent a jelenlétbe, a molekulák intenzív hömpölygő mozgatásával a hátamban, és a gerincemben és az agyamban, ami arra készteti a molekulákat, hogy hangosabban zengjenek, mint eddig, és hogy olyanná váljanak, amit csak úgy lehet leírni, mint a térűr térűrje a test térűrjén belül.

„Most van itt az idő felállni, de ne mozogj túl gyorsan, és engedd, hogy én igazítsam a tested súlyát és mozdulatait."

Ahogy megpróbálom felemelni magam, nincs semmilyen bizonyosság a világomban arról, hogy működni fognak-e az izmaim. Rájövök, hogy az első nap, amikor felébredtem, eldöntöttem, hogy soha többé nem fogok már járni és nem érzek semmit a lábaimban. Furcsa, hogy ez most így eszembe jut, és ráeszmélek, hogy minden így működött az életemben 'a hely' előttig, és minden egyes alkalommal, amikor eldöntöttem, hogy valami valahogyan lesz, pontosan úgy lett. Mióta itt vagyok, minden a feje tetejére állt, amit igaznak gondoltam, és hirtelen meglátom, hogy semmi, amit eddig igaznak vagy valósnak hittem; semmi nem volt más csupán, mint az, hogy bizonygattam, hogy valós az, amit valósnak hittem. Elkezdtem nevetni, ahogy Jed bácsi fogta a karjaimat és felhúzott az ágyból a lábaimra. A padlónak olyan érzése volt, mint télen növő mohát érinteni – nedves, ehhez képest a bársony durvának és vékonynak érződik az élet, a finomság és a nedvesség többféle ízében, ami átölel és beszél és felvillanyoz, amikor ajándékként befogadod, ahogy ajándékoz neked a lénye minden molekulájával. A padló, amiről azt gondoltam, hogy valami fura élettelen tárgy elcsábítja, átöleli és ajándékozza az energia molekuláit, ami az élete, nem ami az élete volt, és ahogy mozgok a padlón, minden lépés energizál, gyógyít, és lelkesíti a testem és a lényem. Jed bácsi újra nevet, ami a fény és élet hömpölygése, gyógyítása és túláradása, ami még inkább csiklandozza a testem. Ez az érzet olyan, mintha kisbaba lennék, amikor minden egyes pillanat annyira szórakoztató, átölelő és tápláló, hogy az élet vágyik önmagára a testben és a lélekben.

Ahogy az ajtó felé tartunk Jed hümmögni kezd. Nem úgy értem, mint amikor egy dallamot dúdol, hanem inkább olyan, mintha a teste egy olyan rezgés frekvenciáját adná ki, ami zsigerileg nyilvánvaló, de nem hallható. Az ajtó magától kinyílik, és kilépünk a nap tündöklő fényébe, ami hideg és éltető, könnyű hópelyhekkel a földön. Elkezdek gondolkodni: „De nincs is cipőm" és hirtelen észreveszem, hogy a hideg olyan, mint az üdvözlés takarója, és a lábam alatt lévő hó tápláló a föld minden sejtjének és nekem is. Nem „érzem a havat", hanem inkább azt az intenzív törődést, ami a hó, nem mint egy rosszaságot a melegből, hanem inkább mint az élvezet másságát, és az élet spiritusza újra beüt egy kölyökkutya ugrándozó túláradásával. A testem minden lépéssel egyre erősebben és lelkesebben mozog az élet dallamáért, ami, mint Jed bácsi hümmögése, simogat, cirógat, és táplálja a testet és a lelket, és minden egyes pillanatban a fák, a szél, a madarak, a csend, és a térűr zenekara, amibe "a helyen" élő minden ember beletartozik, akik, mint most én, az egység katedrálisa, a lehetőségek suttogása, és a másság öröme, felébredtek a molekuláris harmónia és a rezgéses koherencia elemeire, amelyekről az eretnekségek és a spirituális megvilágosodás beszéltek, de soha nem adtak meg vagy mutattak be. Soha nem voltam még ilyen éber és ekkora térúr, és még soha ennyire nem törődtek velem az életemben, és már tudom, hogy „a hely" és én egymást birtokoljuk egy olyan páratlan szabadsággal és békével, amiről csak álmodtam, és amire vágytam és kerestem, de soha nem találtam. Otthon vagyok, önmagam vagyok, és kiterjedtem az átlagostól a fenomenálisba egy cseppnyi negatív energia nélkül.

Megjelennek a fiúk és ahogy Jed bácsi elengedi a kezem ők átveszik, és azonnal újra az ágyamban vagyok. Betakarnak takarókkal, és a következő pillanatban már ott sincsenek. Egyedül vagyok, de nem egyedül. A béke, amiről már tudom, hogy igazán én vagyok, megsemmisíti azt az elképzelést, hogy az egyedüllét bármennyire is valósabb, mint a többi őrült igazság, amit korábban az élet korlátaiként definiáltam. Hogy létezhet valaki a világban, amikor minden, ami nem valós – csak az elképzeléseid és hiedelmeid, amiket bevettél a szüleidtől, családodtól, iskolától és kapcsolatoktól, igaznak mutatják ezeket – az definiálja a választásaidat és a valóságod koporsóját?

Rájövök, hogy a világnak, amit otthagytam, annyira kevés a lényege, olyan, mint egy képregényt olvasni, amelyben a képek magyarázzák a történetet és minden cselekvés motivációja hülyeségre épül, és a kommunikáció és éberség hiányára, és a törődés látszatára és bizonyítására, nem a békére és térűrre, amiről már tudom, hogy igazabb törődés, mint valaha lehetségesnek gondoltam. Oh, az áldott béke és örömteli térűr, köszönöm, hogy bevontatok engem a tudásba, hogy mi az, ami nagyszerűbb, és megadtátok nekem annak az ajándékát, hogy felismertem, hogy soha többé nem kell kevesebbnek lennem.

HUSZONKETTEDIK FEJEZET

Felébredek, érzékelem, hogy hó takarja a talajt, még azt is tudom, hogy két lábnyi a hótakaró, és érzékelem a nyulakat és a rágcsálókat, ahogy alszanak és mozognak, és a sólymokat és baglyokat, akik a hóban kutatják fel azokat, akik nincsenek tudatuknál, s ahogy nem mennek az érzékeiken túl, hanem csupán a szükség és az éhség hajtja őket.

Csendesen kinyílik az ajtó és Ruth lép be rajta, egy meleg bőrdzseki öleli át érzéki testét, vágyom arra, hogy megérintsem, és a zavara újra bebizonyítja, hogy tudja, mire gondolok.

Ma nagyobb a tálca, és rájövök, hogy ma együtt fogunk enni. Az ablak alatti apró asztalka invitálás a testemnek, hogy kimásszak az ágyból, és hogy a változatosság kedvéért egy széken üljek. Kicsit kétkedni szeretnék a felállással kapcsolatban, de tudom, hogy hazugság lenne az, hogy nem vagyok rá képes. A lábaim lelibbennek az ágyról, csakúgy, mint amikor tizenöt voltam és felfedeztem, hogy a futás megszabadít a zavartságtól és enyhíti a stresszt, amit az agyamban zakatoló és testemet gyötrő hormonok okoznak, ami egy az elmém és az anyag közötti örökkévaló harcnak tűnik a dominanciáért.

„Jó látni, hogy felkeltél. A fiúk abban a pillanatban visszatettek az ágyba, ahogy a tested elérte a még tolerálható maximum befogadást, amit még elviselhet, ha fájdalommal mozogsz. Van egy hely, ahol a legtöbben fájdalomként értelmezik félre a megtapasztalható intenzitást, és azt feltételezik, hogy az intenzitást nem lehet bevonni az éberségbe, és az emberiség ezt fájdalomnak hívja. Ha szeretnéd, elmehetünk ma a medencéhez, ahol a forró víz gyógyít, és táplál téged és a testedet."

„Valami másra gondolok, ami tápláló és gyógyító lehet a testemnek. Esetleg fontolóra vehetnénk azt inkább?"

A nevetése és a tündöklő szemei mindent elárulnak. Nem arról van szó, hogy ellene lenne, de ma ez nem történik meg. Hűha, most veszem észre, hogy ezt a gondolataiból vettem át, és nem a szemeiből és a modorából.

Eszünk, majd feláll és felvesz egy bakancsot, amit korábban észre sem vettem és felajánlja, hogy nekem is felsegít egyet. Ahogy a lábamra adja a bakancsot, ami puha és rugalmas, azon tűnődöm, hogy hogyan bírják majd a havat. Elmosolyodik, és a gondolatai újra megmutatják nekem az egész történetet, és tudom, hogy ezek soha nem fogják átereszteni a havat vagy a hideget, az energia miatt, amit mi adunk nekik.

Kimegyünk a házikóból és elkezdünk sétálni a havon. Az új éberségem az életről és a körülöttem lévő minden szépségéről megtöltik az érzékeimet, és a friss hó csendessége minden molekulámat megrohanja azzal a féktelen kellemességgel, amit az elemek ajándékoznak, és amit mi annyira szánalmasan figyelmen kívül hagyunk. Életemben először érzem az egység érzetét, azt, hogy a helyesség a rend káosza, amit az univerzum perverz módon teljes könnyedséggel megszerez. Ezzel szemben mi hiába keressük a nézőpontunk helyességét, hogy kinyilvánítsuk a tulajdonjogunkat a világra, és az isten státuszunkat mindenki és minden felett, mintha ettől lenne hiteles az életünk, és fogjuk a káoszt, és az éberségünk korlátozott látókörébe fordítjuk, mintha ebből nyernénk biztonságot és biztosítékot olyasvalamiről, amit nem kontrollálhatunk.

Nem emlékszem, hogy arra gondoltam volna, hogy felvegyek egy kabátot, mielőtt kijöttünk a házból, de a karja érintése olyan meleg érzést nyújt, mint amikor tűz mellett vagy, ami melegebb, mint bármi, és elveszi a hideget, ami csíphetne, de nem teszi. Hogy lehet, hogy nem fázom? Azonnal jön a válasz tőle, nem szavakban, hanem letöltött információként. És már tudom, hogy az érintése megkéri a testem, hogy annyi meleget generáljon, ami kényelmes neki, és hogy képesek legyünk kontrollálni, hogy milyen meleget vagy hideget generál a testünk, csupán kérésre. Azt hiszem kedvelem ezt a telepátiás cuccot. Majd az egyik olyan estére gondolok a múltban, és az érzetre, hogy maszturbáltam a hóban, és ő megragad, és engem és a testem a lénye melegébe viszi, és egy orgazmushullám a lehetséges érzékszerveim minden porcikáját felzaklatja az egész univerzumhoz való kapcsolat kiterjedésével és megnövekedésével.

A nevetése kizökkent az emlékemből a jelenbe, és egy kicsit zavarba jövök, hogy elkaptak, de ott a nevetése szépsége, ami csiklandozza a teret, s összekeveredik a szellővel a fák között, ahogy a hó lecsusszan a fenyő tűlevelein apró loccsanásokban, mint amikor egy delfin feltör a víz felszínén és már el is merült; nincs hang, csak a hullámzás utal a mozdulatokra. Itt is van mozgás, ahogy leesik a hó, de rájövök, hogy a mozgás az energia mozgása, ahogy a hó találkozik a hóval, és hirtelen tudom, hogy ugyanezt az energiát érzi valaki egy lavinánál, vagy árvíznél, vagy egy zuhanó szikla esetében. Már tudom azt, amire mindig is éber voltam, anélkül, hogy szavakba tudnám önteni.

Érzem a mozgó dolgok energiáját, mint korábban Kaliforniában egy földrengést, nyugtalan voltam és ideges, felébredtem, mielőtt elkezdődött, és kint álltam a sötétben, azon tűnődve, hogy mit csinálok odakint. Elkezdem megérteni az energia mozgását a fizikai látvány előtt, hullámok jelennek meg, amik információkat adnak, ha nem adjuk fel az éberségünket. A valaha volt legfurcsább beszélgetésem, és haver, én egy tanulatlan lúzer vagyok.

Megint nevet, és ennek a puszta gyönyöre simogatja a lelkem, és végre megértem, hogy mit tesz a törődés ítélkezés nélkül, átöleli minden részedet és darabkádat, mindig azt hittem, hogy a szerelem nyújthatja ezt, de soha nem tette. Megint itt van az a furcsa érzete a szavak nélküli kommunikációnak, és rájövök, hogy ez ugyanaz az energia, mint mikor a hó leesik a hóba. Amikor egyetlenegy dolog beleesik az egységbe, ami egy olyan energiát hoz létre, ami hatalmas könnyedséggel belehullámzik az univerzumba, egy új lehetőség hangtalan hozzájárulása, valami több választásává válik, mint amit a korlátozott világunk el tud képzelni.

Végig megyünk a csendes havon, és előre érzékelem a vizet, mintha a feltörő vér intenzitásával lélegezne, mint ami testedzés után jelentkezik, ami vidámságot, édes és lüktető éberséget ad minden molekuláról és érről, és édes örömet a fáradt és megdolgoztatott izmoknak.

Felsétálunk egy kis emelkedőn, és a gőz illata a hideggel és a hóval szembe állítva megrohamozza az orrom, a vulkanikus pára aromás duzzanata és a hó száraz jegességének végletei, és az áldott ajándék, amit a testemnek ígér, szólítja a testem minden rostját a megtestesülés nagyszerűsége emlékezetének forrásaként. Itt ez a lenyűgöző érzés, hogy mindig is volt több, és hogy az ígéret valós, és be fog teljesülni.

Ahogy a magaslat tetejére érünk, a forrás párája találkozik a hideg levegővel, ami emlékeztet arra a sűrű kaliforniai ködre, ami átadja a nem fontos dolgok hangjait a zsigeri csend édes sűrűségének, ami csak a pillanatot táplálja, és azzal törődik, és sem a múlt, és sem a jelen nem annyira makacsul intenzívek, mint a hangtalan kedvesség, ami beborítja és megtisztítja a testet és az elmét az önmagaddal való jelenlét érzékelhető közelségével.

Megfogja a kezem, és odamegyünk a medence széléhez. Levesszük a ruháinkat, és letesszük őket egy sziklára, ami nyilván nem havas és nedves, és meleg ruhákat ígér a testünknek a merülésünk végeztével. Bemegyünk a vízbe, a melege és az illata, a masszív felhalmozódása az évek és a több ezer növény és levél csodájának, összeforrva, mindannyiunk azonosságának és összetartozásának és egységének rövid simogatásaként, a föld ajándéka számunkra, és az ajándék, ami egymásnak vagyunk. Könnyek patakzanak az arcomon a felismerés miatt, hogy paródia az ember földön élése, és hogy a föld csak ad és ad nekünk, és semmit nem kér cserébe. A föld, ami kiterjed és táplál minket a levegő lélegzetével, fogja a szemetünket, s csak ritkán lázad miatta, mindenki szerető anyja / apja, és olyan energiák forrása, amit úgy érzékelek, mint egy hívást a jövőből valamitől, amit ismerek, de nem tudom a gondolat egyszerűségébe szilárdítani, valami, ami kér tőlem, de nem követel, hívás lehetőségért, és a hozzájárulás kérdése, ami csak a választás szükségét szólítja meg.

Kérlek, Istenem, istenek, létező erők, mutassátok meg nekem az utat. A könnyeket zokogás követi, nem a földért, hanem az emberiség szomorúságáért, akié minden ígéret, és visszautasítja az aranyat érő ajándékot és békét, ami ez a hely, és ami lehetne a föld felszínén, ha olyan valóságot választanánk, ahol nincs igény pusztításra, és ami a legkecsegtetőbb, csakúgy, mint a változás. Oh, te áldott föld, választhatom most veled az igazi éberséget, ahol a gondozóid vagyunk, és az, ha érted választunk azt is jelenti, hogy magunkért választunk.

Itt vagyunk már órák vagy hetek vagy percek vagy az örökkévalóság óta, de az érzet olyan, hogy végre tudom, hogy mit kerestem az egész életemben és most megtaláltam. „Amit" megtaláltam, az én vagyok, a béke és öröm és egység helye az egész univerzummal, amiként létezem.

Megfogja a kezem, és a ruháimhoz vezet, ülünk a sziklákon, a hideg betakar a kedvességével, és nem érzem a ruhák szükségét, és mégis Ruth elkezd bebugyolálni a törölközőbe, ami ott volt, vagy csak megjelent, és megérinti a testem az édes kezeivel, és annyira helyesnek és valósnak tűnik az élet és a törődés öröme. A szívem kiugrani látszik az én mellkasomból az övébe, és olyan, mintha egy testté válnánk, ami sok részből áll, s mind egymásba fonódik, test és lélek, és ebben a pillanatban érzem, hogy mind a hatvanheten csatlakoznak hozzánk, és belerobbantják az agyam és elmém korlátait egy hatalmasabb éberségbe, amit a föld is táplál, és ajándékoz a testeink és lényeink egyesülésének, egy olyan lehetőségért, ami valós és igaz lehet, de amit még eddig senki nem tapasztalt meg.

HUSZONHARMADIK FEJEZET

Három napig egyedül maradtam, se étel, se társaság, se Ruth, de áldott egységben voltam mindennel, s nem volt sem szükségem, sem vágyam semmire.

A béke, amit érzek, megsemmisíti a vágyat vagy szükséget az étel iránt, és mindennél nagyszerűbb az érzet, hogy az egész világ táplál engem és a testem.

Még nincs hajnal, a hold tündöklő fénye áthatol a szobámon és a lelkemen, és azt választom, hogy a kapcsolat Ruth és köztem már nem szükség, hanem egy hívás a vágyért, amit a múltban megismertem.

Érzem őt az elmémben, és tudom, hogy kéri a jelenlétem a medencénél. Kiszállok az ágyból, csak a hold fényére van szükségem, hogy lássam a világot, felöltözök és ott hagyom a szobám melegét, és a tüzet, ami három napja ég, már nem kérdőjelezem meg, hogy ez hogyan lehetséges, csak tudom, hogy így van.

Megérkezek a medencéhez. A köd, ami mindent elcsendesít és átölel szoros melegségével, behatol a testem rostjaiba, az orrlyukaim tele vannak vízmolekulákkal, amik a levegőben lebegnek, mint a nyári virágpor, csábító illattal, ellazít, és intenzíven van jelen a struktúra teltségével, ami most kapcsolódik a testem minden részecskéjével, és a létezés örömével rezeg.

Tudom, hogy itt van, érzékelem a jelenlétét, és ahogy mozog és kavarog a ködfátyol, a múlt emlékeinek katalizátorává válik, és azok az idők is felsejlenek, amikor csak fejben és a lelkem egészében voltam itt.

Ahogy enyhén felemelkedik a ködfátyol a szellőben, ami gyengéden mozog körülöttem, a csupasz felső testembe, ami kint van az intenzíven meleg vízből, belehatol a hűvös levegő, és a libabőrök még több érzékelésre erősítik és inspirálják a testem, többre, mint valaha lehetségesnek tartottam. Itt van ő, velem szemben a medencében. A víz, ami pont a mellei fölött van, elrejti azt, amire annyira vágyom. Érzem a lénye érintését a testemben, és kinyúlok a lényemmel, hogy megérintsem a testét. Érzem, amit az ő teste érzékel, és a mellkasomon lévő libabőrök hasonló libabőröket idéznek elő a mellbimbóin, és érzem, hogy a testem érzi az ő testét, és azt, hogy ő érez engem és az én testem, és összefonódunk egymás molekuláris struktúráiban. Az intimitás, és az életre keltett ágyékok összekoccanása egymással és a molekulákkal akként a térként, amik vagyunk, megtapasztalja a testek szilárdságának mozgását, ami az élet vágyának kifejezése, amit felületesen mi testi vágynak nevezünk. Érzem a haja illatát a harmatos ködben, és a haja nedvességét, és az illatának örvénylése még dinamikusabban felfokozza bennem a szükségét annak, hogy a teste az enyém mellett legyen.

Lehunyom a szemem és elkezdek emlékezni arra, hogy milyen volt az álmaimban, és ahogy ezt teszem, a múltbéli emlék ellopja a pillanat hevét, ő pedig elkezd elhúzódni a testemtől. Én elhúzódtam tőle abban a pillanatban, hogy behoztam a múlt fantáziáit a most szexuális pillanatába. Kinyitom a szemem, és újra össze vagyok fonódva a testével és lényével, és az ő és én felizgultságunk annak a határára visz, amit orgazmusnak neveznék, és ő hirtelen kiterjeszti az éberségem, és egy nagyobb medencében vagyunk, és fizikailag nagyobb távolság van köztünk, és az érzés intenzitása, az, hogy ő érez engem, elkezdi a testünket visszavinni a forráspontig. Épp, amikor felrobbanni szeretnék, meghallom, hogy azt kívánja, hogy terjedjek ki. És megteszem.

Még egyszer, az érzetet, hogy a teste távolabb van, meghazudtolja a haja és a teste illata, és a mozdulatai felém, és azoknak a csodálatos melleknek a kiemelkedése a vízből, a mellbimbók kemények a hidegtől, ami tőlem származik, lemerülök a víz alá, és a robbanás szüksége átalakul olyasvalamivé, ami sokkal intimebb az ő törődése éberségében, és ez táplálja azt a részemet, amire három nappal korábban találtam rá.

A szükség, hogy megérintsem, és az, hogy ő hajlandó megérinteni, újra kiterjed, mint amikor az erdők és az állatok átölelik az élet ajándékát, az életnek ezzé az ajándékává válunk egymásnak és a világnak, és újra nyúlok a lénye felé, ami ő, ami én is vagyok, és a testünk erre olyan orgazmussal felel, ami lázadó és hangos a maga hihetetlen békéjében és kiterjedésében. Bizonyára ezt értik a buddhisták belső orgazmus alatt.

Újra kiterjedünk, és ezalatt a testünk erőfeszítés és izmok nélkül mozog egymás felé, vágyunk rá, s kell, hogy megérintsük egymást, és abban a pillanatban, ahogy felém nyúl és megérinti a kezem, újra megtapasztalom az érzékenység orgazmikus minőségét, ami hullámokat indít el a testemben és az övében.

Megérintem, és a legcsekélyebb érintés is előidézi a több heves követelését a testemben, és ő nem érint meg. Előre hajolok, és gyengéden az ajkaihoz érintem az ajkam. Érzem, hogy az arcomon lévő borosta felvillanyozza a testét, és a nyelveink érintése, mint egy pillangó érintése, s mégis sokkhullámokat küld a lábujjaimba, és a melegség, ami egyre nő az ágyékunkban, nem az ágyékainkban, mert olyan, mintha egy test lennénk négy karral és lábbal, és az egyik torzó sugallja a másiknak, hogy mit csináljon következő lépésként. Elmerülünk a forró vízben, tudván, hogy a testeink melege most kiterjeszti a víz melegét, és hogy a víz egy a testeinkkel, és hogy annak az öröme a mi örömünk is.

Lassan és törődéssel odaadjuk neki a testünket, és a benne lévő helynek, suhanva a vízzel és a gőzzel, és a köddel, és a hideg érzékennyé tesz minden részt és darabot az érzékek kiterjedő hullámzásának érzéki dinamizmusával, az intenzitással, a perverz kielégüléssel és az elképesztő lehetőségekkel, és a jövő árnyai átölelik a pillanat értékét az idő és tér módosításával a simogatás együttes mozdulatába, egyként.

Ahogy megérkezik a hajnal, mi is. Együtt élvezünk, a földrengés, ami kíséri a testem kilövellését az övébe, és az ő kilövellését az enyémbe, megrengeti az életem és a szexuális tapasztalatom alapjait a könnyedség és térűr szépségével és örömével, és a madarak énekeivel, ami pont abban a pillanatban kezdődik el, amikor mi együtt válunk az élet testévé. Ezeknek a pillanatoknak a levezénylése, és az élet térűrje, ami mindannyian vagyunk együtt, mindent magába

foglal és semmit nem töröl el. Röviden megcsókol, egy kis
időre ez az érzékelés egy orgazmust idéz elő a testünkben.
Belenézek a nő arcába, akit egy örökkévalóság óta ismerek,
és csak egy pillanatra, és a karjaimban tartom, azt remélve,
hogy ez örökké tart, és újra orgazmus hullámok törnek ki
belőlünk, ami olyan, mint az utórengései a földrengésnek,
ami mi vagyunk.

Sétálunk a medencétől, át a havon, a hideg egy újabb
orgazmust idéz elő, ahogy a testünk felel egy másik
ingerre. Azon tűnődöm, hogy vajon az élet egy folyamatos
orgazmus-e, amit általában visszautasítunk, de ezt a
gondolatot felváltja az éberség a mai nap cselekvéseiről, amit
Ruth helyez a fejembe. Kinyitom a házikó ajtaját, ropogó tűz
fogad minket, csakúgy, mint az édes ágyam, amit annyira
szeretek, mint őt.

„Köszönöm Jacob, hogy mindaz vagy, ami vagy."

HUSZONNEGYEDIK FEJEZET

M ajdnem karácsony van. Ruth és én három hónapja vagyunk együtt, és úgy repül az idő, mintha a napoknak lenne egy élő, lélegző, örömteli kifejeződése, mintha nem lenne kezdetünk és végünk. A beszélgetés szükségtelen, minden nap növekednek a lehetőségek, és az életünkben annyi minden van minden pillanatban, hogy megszűnnek a külvilág szükségei.

Az életünk egybefonódik az élés orgazmikus örömével, ami olyan, mint a medencék, ahol először szerelmeskedtünk testileg. Ezek a medencék olyanok, mint a szexuális egyesülés, amit most megtapasztalunk.

Az első a nagy medence, ahol meggyógyulva érezzük magunkat, és a vizek az évszakoknak megfelelően terjeszkednek. A második medence melegebb, és csakúgy, mint a szexuális étvágyunk, mélyebb és forróbb és tápláló, mint az ajándéka. A harmadik medence még forróbb, és ahogy kiterjesztjük a képességünket nagyobb intenzitásra, megtapasztaljuk a törődésnek egy olyan mértékét, amit a föld ajándékoz nekünk, és amit mi ajándékozunk a földnek.

A negyedik medence forróbb és szűkebb, és megköveteli, hogy kreatívabbak legyünk, és hogy a jelenlegi dolgokkal együtt mozogjunk, valamint a következők lehetőségével. Az ötödik medence igényli az örömöt, örömöt a hőségben, és a szenvedélyt a test extremitásaiban, érzékelve azt, amit csak úgy lehet leírni, mint nagyobb akarást, hogy megtapasztaljuk az egységközösség molekuláris békéjét, ami örömet okoz. A hatodik medence nagyobb, és lassúbb és még forróbb, és megmutatja a test és lény kiterjedésének szükségét, hogy megtudjuk, hogy mit lehetséges igazán megtapasztalni. A hetedik medence a legintenzívebb, és a forrása annak, hogy egyek legyünk az univerzummal, hogy valójában átöleljük azt, ami lehetséges, és ezzel a roppant hatalmassággal elkezdődik az élet orgazmusa, de nem ér véget.

Ez a tapasztalatom minden nap, mióta Ruth és én együtt élünk. Amikor nem vagyunk a medencékben, akkor is minden egyes találkozásunkkor és a testeink egyesítésekor megtapasztalunk mindent, amit a medencék képviselnek.

Mennyire nagyszerű az élet most, hogy ezek a dinamikus pillanatai minden napnak és minden tapasztalatnak. Arra vágyom, hogy mindent megadhassak neki, és mégis, ott az éberség arról, hogy amikor örökké élhetsz, akkor kevés dolog értékes annyira, hogy ragaszkodjunk hozzá, inkább a tudásunk számít róluk.

Nyílni kezd az ajtó, és éber vagyok arra, hogy „ő" jön hozzám.

„Helló Ruth. A karácsonyon gondolkodtam és az ajándékozáson. Van itt ilyen?"

Hirtelen megkapom közvetlenül a választ, a nyelv korlátozásai nélkül, és átjön minden arról, hogy milyen a valódi karácsony ezen „a helyen", hogy inkább az energiákról szól, amit a földnek ajándékozunk azon a napon, és hogy nem lesz fa és díszek, és olyan étel, ami annak a világnak a része, ahonnan jöttem, és ahova annyira csekély mértékben vágyom csak visszatérni.

„Jacob, a fiúknak van egy ajándékuk számodra, de mivel mi itt nem ajándékozunk, így megkaphatod most, és a fiúk nagyon örülnének, ha most odaadhatnák neked."

Hirtelen a fiúk a szobában teremnek. Ragályos az öröm az arcukon és elkezdek nevetni, ami hatalmas örömöt és nevetést csepegtet a világukba, s Ruthéba is.

„Mr. Rayne, kijönnél velünk a pajtába?" Furcsa, amikor összhangban beszélnek. Főleg mert mikor gondolattal kommunikálnak, akkor sokkal könnyebb felismerni, hogy melyikőjük melyik.

Ahogy sétálunk a pajta felé, ott van a mámor érzete, aminek számomra nem sok értelme van és hirtelen rájövök, hogy ez az ő mámoruk. Tudom, hogy ez különlegesebb, mint amit eddig tapasztaltam az elmúlt hónapokban, és annyira rendkívülinek tűnik, izgalmas a tény, hogy ez egyedi nekik.

Kinyitják a pajta ajtaját, és az öreg pajta félhomályában ott van életem szépsége és öröme, az édes T-bird-öm, és sokkal fényesebb és eredetibb, mint amikor hónapokkal ezelőtt vezettem őt, a szarvas előtt.

Könnyek kezdenek el patakzani az arcomon a lenyűgöző másság látványán, ami ez a hölgy, jobb, mint amilyennek valaha ismertem.

„Fiúk, ezt hogy csináltátok? Olyan, mint egy vadonatúj autó."

„Nos Mr. Rayne, csak megkértük a molekulákat arra, hogy visszatérjenek az eredeti helyükre, és ott voltak tőled a képek arról, hogy milyen volt, és kértük, hogy ez megjelenjen." „Hogy értitek, hogy kértétek?" Megint az a furcsa érzésem támad, hogy kvantum fizikát oktatnak nekem az oviban.

„Nos, az egyik dolog, amit 'a helyen' megtanultunk az az, hogy a molekuláknak is megvan a saját tudatosságuk, és ha a megfelelő... azt hiszem úgy nevezzük, hogy megfelelő rezgésen kéred... ez még nem minden, de majdnem, és akkor a molekulák megváltozhatnak, vagy azzá válnak, amit kérsz tőlük."

„Köszi srácok, világos, mint a vakablak, de igazán hálás vagyok, hogy ennyire gyönyörűen néz ki."

„Mr. Rayne, van egy problémánk. A lámpái nem működnek, és nem morajlik már. Nem tudtuk rávenni, hogy ezt megtegye nekünk."

Emlékszem, hogy fejjel lefelé volt, és rájövök, hogy mi lehet az oka ennek a problémának. Felnyitom a motorháztetőt és megnézem az aksit, jól néz ki addig, amíg ki nem nyitom és észreveszem, hogy az összes sav bizonyára elpárolgott belőle, és valószínűleg ez azt jelenti, hogy az üzemanyag is kifolyt.

Mivel olvassák a gondolataimat, hirtelen felfogják az egészet, a működésének a teljes koncepcióját. „Srácok, hogy hoztátok ide? Nem láttam ide vezető utakat, csak ösvényeket."

„Hát azt tudod, hogyan csináljuk azt, hogy megjelenünk és eltűnünk, ugye? Így hoztunk ide téged is és őt is, nem nehéz, amikor ketten vagyunk, és jobban csináljuk ezt bárkinél."

„Köszi srácok, szereznem kell egy akkumulátort és benzint, honnan szerezhetem be ezeket?"

„Van itt egy kisváros kb. harminc mérföldnyire, van ott egy barátunk, aki segít nekünk. De nekünk nincs pénzünk és neked sincs túl sok, megnéztük a pénztárcádban, amikor megtaláltunk. Szeretnél vele most találkozni?"

A válaszomat csupán gondoltam és át is ment, mert megérintik a kezem, és már kint is vagyunk egy kisvárosban, ami látszólag teljesen üres. A széles beton utcák a húszas évekre emlékeztetnek, amikor minden látszólag a térről szólt, kivéve az embereket. Csendesek és üresek a kirakatok az utcán, mint a múlt árnyai, arra emlékeztet, hogy volt itt valaki vagy valami, és az is eltűnt.

Úgy tűnik, hogy parkol néhány autó egy egybeépített bolt, benzinkút és étkezde előtt.

A fiúk és én elindulunk a bolt felé. Furcsa újra a civilizációban, ha ezt lehet civilizációnak nevezni, több hónapnyi csend és magány után, és felismerem, hogy amit magánynak nevezek, az extrém mértékben tele volt éberséggel és jelenléttel pillanatról pillanatra, és hogy a civilizáció ezzel nem rendelkezik, inkább üresnek és hiányosnak tűnik. Hiányzik az, amiben nem is vagyok biztos, hogy mi, de határozottan hiányzik valami. Lehet, csak az a tény, hogy a város nagyjából kihalt. A járda szélére halmozott hó miatt nincs kétség afelől, hogy néhányan járnak az utcákon, a hóeke csak félretolja a havat az utcáról, és így járhatnak az autók. Kicsit fura, hogy tiszta a hó, és úgy tűnik el van kotorva, nem csak elfújva az út mocskából. A kis utcák a bedeszkázott ablakú házaikkal és a fél méter magas hóval tanúsítják, hogy nagyon kevesen jönnek ide és talán még kevesebben élnek itt.

Bemegyünk a boltba, egy kellemes kinézetű férfi mozog a pult körül és mosolyog. „Helló srácok, hogy vagytok? Te bizonyára Jacob vagy." Tudom, hogy már hozzá kellett volna szoknom a fura dolgokhoz a fiúk körül, de ezt nem vártam. „Ryan Boyle a nevem, és a csodás hölgy, aki most jön ki hátulról a feleségem, Lulah May." Nevet, és tudom, hogy olvas a gondolataimban. „Édes Istenem, ők nem lehetnek Lulah May és Ryan, Jed bácsi történetéből." Lulah May finoman és dallamosan nevet, ami Stormyra emlékeztet, és biztosan tudom, hogy ők azok a sztoriból. Idősebbnek néznek ki, mint a törzs többi tagja. „Jacob mit szólsz egy csésze kávéhoz?" Ryan a bolt étterem részébe vezet minket, és leülünk. Úgy tűnik, hogy senki más nincs itt.

„Igen Jacob, öregebbnek nézünk ki, mert a húszas évek óta itt élünk. Az 1900-as évek elején ez egy zajos város volt, aranyat és ezüstöt is találtak itt, és gyarapodott a város. Lassan kimerültek az ezüst és az arany készletek a harmincas években, és mindenki kezdett innen elpárologni. Csoportként rájöttünk arra, hogy ha van kapcsolatunk a külvilággal, akkor az hasznos lehet a keresőknek, és meglepődnél, hogy mennyien bukkantak fel itt térképet, ételt vagy szállást keresve, és mi biztosítjuk, hogy felismerik és megtalálják, amit keresnek.

„Úgy vélem, hogy akkumulátorra és benzinre van szükséged. 'A hölgy' túljárt a fiúk tudásán, és most egy kis régimódi tudományra van igény."

„Próbáljuk ki a hitelkártyád, s lássuk, mi lesz."

Fura módon úgy érzem, hogy tudja, hogy mi fog történni, és érzem, hogy valami egyáltalán nem kerek a pénzügyi világommal.

Ahogy Ryan telefonál az aksi miatt, kiveszem a pénztárcám a nadrágom zsebéből, hónapok óta először veszem elő, és azon tűnődöm, hogy vajon molylepkék fognak-e kirepülni belőle, amikor kinyitom. Előveszem a hitelkártyámat, és ő beolvassa az aksi boltban lévő férfinak. Parányit sem tűnik meglepettnek, amikor kiderül, hogy a kártya le van tiltva, és odaadom neki a bank kártyámat, tudva, hogy legalább ötvenezer van rajta, és az is le van tiltva. Megköszöni a férfinak és leteszi a telefont. „Talán fel kellene hívnod a feleséged, és utána járni, hogy mi történt."

A nyomasztó érzéssel, ami végig kísért a házasságom legtöbb évein, közelgő végzet érzetével, ami naponta ott lapult a horizonton, mint egy villámló vihar, ami még nem sújtott le katasztrófaként a földbe, de becsapódás előtt folyamatosan morajlik, ezzel az érzéssel veszem fel a telefont és tárcsázok.

Ő veszi fel. „Patty, itt Jacob."

„Jacob, te élsz, annyira aggódtam, és Stevie napokig sírt miattad, és utána azt mondta, hogy elkezdted látogatni minden éjjel, és elmondtad neki, hogy hamarosan jössz és elviszed őt egy helyre, ha szeretné. És nem hittem, hogy még életben vagy, hol voltál és miért nem telefonáltál, annyira nem vagy tekintettel másokra."

„Patty, autóbalesetem volt, és nem tudtam telefonálni. És mi történt a hitelkártyáimmal és a pénzzel a bankkártyámon? Miért nem működnek?"

„Jacob, ne beszélj ilyen mogorván velem, tudod, hogy mennyire gyűlölöm. Mellesleg, amikor nem telefonáltál hat hétig, és nem hallottunk felőled, azt gondoltam, hogy lehet, hogy meggyilkoltak, vagy elraboltak, vagy végre elvittek az idegenek, hihi, szóval felvettem a kapcsolatot a bankoddal a hitelkártyáiddal kapcsolatban. Elfelejtettél eltávolítani engem, mint kedvezményezettet, szóval megmondtam nekik, hogy töröljék a kártyákat további utasításig, és jeleztem, hogy mivel Stevie a kedvezményezetted, és tartoztál nekem feleségtartási díjjal és gyerektartással, rávettem őket, hogy mindent utaljanak át nekem, hogy semmi ne legyen a neveden, nehogy valaki ellopja. Szerintem zseniálisan gondoskodtam mindenről, amiről megfeledkeztél, ugye?"

„Patty szükségem van egy új akkumulátorra az autómba, különben nem tudok hazamenni."

„Nos, erre azelőtt kellett volna gondolnod, mielőtt abbahagytad, hogy telefonálsz nekem. Észre sem vetted, hogy ez mennyire aggaszthat engem? De a jó hír az, hogy rájöttem, hogy mennyire hiányoztál, tudom, hogy rendbe tudjuk hozni a házasságunkat, mert már nem gondolom azt, hogy engem ez nem érdekel. Igaz, milyen csodás ez?"

„Használhatom az egyik hitelkártyádat, hogy megvegyem az akkumulátort?"

„Nos, ezt előbb meg kell kérdeznem az ügyvédemtől, hogy ennek engedhetek-e, ha néhány nap múlva felhívnál, addig lenne időm felkeresni őt és tanácsot kérni, oké?"

„Oké Patty, akkor hamarosan beszélünk, szia."

Ryan és Lulah May arca, ahogy elnyomják a zavart mosolyukat, kicsit enyhít a haragomon, amit annyira erősen érzek.

Lulah May finoman elneveti magát. „Jó tudni, hogy van valaki, aki igazán törődik veled."

És erre már én is elkezdek nevetni, félig hisztéria ez, s félig megkönnyebbülés, és totálisan szórakoztató az őrültség, amibe félig visszatértem egy telefonhívással. Most már értem azokat a hitelkártya fiaskó előtti mindent tudó tekinteteket.

„Ti tudtátok előre, ti gazemberek, ti tudtátok." A könnyek, a nevetés, és az intenzív öröm, amikor rájövök, hogy ott van nekem Ruth, és a fiúk, és a többiek „a helyen", elmossa az évek folyamatos idegenszerűségét, amit a normális házasság velejárójának gondoltam. Tudom, hogy megszabadultam az illúzióktól, amiket megéltem, amiket lélegeztem, amit igaznak neveztem, és tudom, hogy a szerelem nem győz le mindent, és a szépség nem mutatkozik meg mindig, és azt, hogy ha 150 százalékot adsz, akkor olyat kapsz, aki 200 százalékot vesz el, és az összes pénzed. Az öröm, amit a testem és lelkem minden egyes pórusában érzek, a hála borzongató érzetét kelti az ajándékért, amit ez az őrült beszélgetés adott nekem.

„Most mit tegyek Ryan?"

„Jacob emlékszel a történetre, hogy Jed bácsi aranyat talált, amikor még keleten volt? Eszedbe jutott, hogy vajon, hogy csinálta?"

„Őszintén szólva azt feltételeztem, hogy volt valamilyen gépe vagy varázspálcája, vagy valamije, ami az aranyhoz vezette őt."

„Srácok fognátok ezt az üvegcse arany rögöt és Jacobot, és elvezetnétek a Devlin hegyfok melletti patakhoz? Mutassátok meg neki, hogy hogyan kérje az aranyat, hogy eljöjjön hozzá."

A fiúk megérintik a kezem és hirtelen egy apró pataknál vagyunk, és csak feltételezni tudom, hogy megérkeztünk, abból, hogy van egy magas szikla, ami hegynek néz ki. „És most mi legyen, fiúk?"

„Oké Mr. Rayne. Így kell csinálni. Tudod, hogyan különböztess meg minket, amikor lehunyod a szemed? Nos, ez sem igazán más. A csoport tudta, hogy van ilyen képességed, amikor olyan könnyedén meg tudtál különböztetni minket, és amiatt, hogy azonnal meg tudtad mondani, hogy hányan vannak 'a helyen'. Szóval azt szeretnénk, ha az aranyat az egyik kezedbe helyeznéd, és utána a másikba, mindaddig, amíg érzed a különbséget, hogy milyen, amikor benne van, és milyen, amikor nincs benne. Segítségképpen van egy ugyanolyan üvegünk, amiben csak homok van. Hunyd le a szemed és majd mi mozgatjuk az üvegeket ide-oda." Ahogy az üvegek elkezdtek ide-oda mozogni, az egyik kézből a másikba, hirtelen érzem az energetikai másságot, amivel az arany rendelkezik. „Fiúk, megvan! Érzem a különbséget!"

A fiúk elindulnak a patak felé, s a hó, ami védelmezi a talajt, eltűnik egy tizenkét lábnyi körben, ahogy a fiúk hozzáérnek; valahogyan elillan a kezeik érintésétől.

„Oké Mr. Rayne, most kérned kell, hogy az arany eljöjjön hozzád, úgy, ahogy minket hívtál azon az első éjszakán, amikor megsérültél."

„Fiúk én nem emlékszem, hogy az milyen volt." Hirtelen a gondolataik behatolnak az elmémbe, és érzem az intenzitását annak, ahogy ők érezték azon az éjjelen a gondolataimat. Ez annyira megkövetelő és parancsoló, a szükség szenvedélyének hozzáadásával, majdnemhogy gyűlölöm az éberséget arról, ahogyan ez hangzott. A fiúk nevetnek, és szinte azonnal eltűnik a zavarom.

„Pontosan ezt az energiát kell használnod, hogy magadhoz hívd az aranyat, Mr. Rayne, csak kérj és megadatik."

Lehajolok és leguggolok a hideg, csupasz föld fölé, amit pillanatokkal ezelőtt még a hó fedett. Ahogy a kezeim elkezdik végigsöpörni a talajt, olyan, mintha saját életük lenne, emlékszem a baleset éjjelére, és a „szükség" energiájára, ami elhozta a fiúkat, és ahogy ez eltűnik, érzek egy húzást a tenyeremnél, és megállok, és felfokozom a „szükség és behúzás" érzését, és elkezd rezegni és vibrálni a homok a kezeim alatt, mintha valami élő szeretné kiásni magát onnan. Hirtelen abbamarad a húzás a tenyeremnél, és ahogy lenézek, van egy apró aranyrög a kezem alatt. Elkezdek örömömben kiáltozni, pont, mikor újra megjelennek a fiúk. Van náluk egy doboz, fa, öreg és elég erős bárki mércéjével nézve, és fel-le ugrándoznak és éljeneznek ők is. Az a jól kivehető benyomásom, hogy én vagyok a gyerek, aki épp most tanult meg kétkerekűvel menni, és ők a szülők, akik büszkék és döbbentek, hogy ez ennyire könnyen ment.

Három napot töltöttem totális bűvöletben a „szükség és behúzással", és a legtöbb dobozt megtöltöttem aprócska aranydarabokkal és aranyforgáccsal. Hajnaltól alkonyatig ezt csináltam, s jobban szórakoztam ezzel, mint eddig bármivel az életemben. Érdekes, hogy nem úgy tűnt, hogy a pénzért csinálom, hanem inkább azért, hogy játszhassak az energiákkal, úgy, ahogyan egy kisgyerek homokvárat épít, nem azért, hogy bármit is beteljesítsen, hanem annak a puszta öröméért, hogy a semmiből valamit generáljon, és büszkén kihúzza magát mindezért.

Hála istennek a fiúk minden este eljöttek, és Lulah Maytől kaptam egy tányér forró levest és egy kényelmes ágyat. Furcsának tűnik, hogy három napja semmi mást nem ettem, csak a levest, és éjjelente nem igazán vagyok álmos, inkább elégedett. Különös, hogy irrelevánsnak tűnnek azok a szükségletek, amik korábban mindig ott voltak az életemben, amikor a „táplálékom" a föld energiája, és a hideg, és a szél és a nap, bármennyire halvány is most, és semmi nem fáraszt el, csak hálás vagyok az áldásért, az ajándékért, amit a föld a kérésemre nyújt.

Minden pillanat örökkévalóságnak tűnik, és a „szükség és behúzás" könnyebben és jobban működik minden alkalommal, amikor használom. Könnyű begyűjteni a felszínre törő aranyforgácsokat, amint rájövök, hogy ha az arany energiájaként létezek, és kérem, akkor egy energiamező jön létre, vagy valami, ami a bőrömhöz tapasztja az aranyat, mindaddig, amíg meg nem fordítom az áramlást, és minden a dobozba hullik. Az elmúlt két órát azzal töltöttem, hogy használtam az energiát, de sehonnan nem jött egyetlen húzás sem, s még ha a távolabbi hóban próbálom, akkor sincs meg az arany „hívása" a kezeimhez, vagy a kezeim hívása az aranyhoz.

Megjelennek a fiúk, mint ahogy minden este, amikor elfáradok, vagy frusztrált vagyok, furcsa és csodálatos is, hogy mindig tudják. A mobiltelefonoknak határozottan nem sok értéke lenne itt, és a telepatikus vevő tornyokat nem állítja meg sem hegy, sem holt zóna. „Oké Mr. Rayne, úgy tűnik, hogy teljesen kiaknáztad ezt a területet. Visszavisszük a dobozt Ryan bácsinak és visszajövünk érted."

Eltűnnek, és leülök a sziklára, ami felajánlja magát, hogy rajta megpihenhetek, és a hideg belekúszik az éberségembe, és a nap elrejti gyönyörű arcát a sötétedő felhők mögé, amik hóról regélnek, s hirtelen rájövök, hogy ezek valóban hófelhők, és érzem a vihar nagyságát és hosszát, a hó mélységét, és minden elem szól hozzám. A levegő molekulái a saját tudatosságukat ajándékozzák nekem, és olyan nyelven beszélnek, ami most az új és nagyszerűbb éberség a hozzájárulásról, ami a világ számunkra, ami mindig is volt, és mégis csak a bölcsek, és a szirének és a sámánok értették meg a világ többi részén. Mennyire teljesnek érződik a világ és az életem.

Megjelennek a fiúk, megérintik a kezem, és újra a városon kívül vagyunk.

„Miért kell ilyen messze jönnünk, fiúk? Jobban szeretem, amikor a hasas kályha elé tesztek."

„Van néhány kereső ma a boltban, így teljesen normálisnak és civilizáltnak kell lennünk, és Lulah May néni kéri, hogy ne mesélj arról, amit mostanában csináltál. Kinyitotta az egyik házat a mellékutcában, és megemlítette, hogy laknak itt néhányan a városban, főleg nyáron, így nem fognak kérdezősködni az autódról és rólad. Ma veled maradunk a másik házban, az unokaöcséid vagyunk. Meg tudod jegyezni mindezt?

Megnevettet a fiúk nyilvánvaló öröme emiatt a fortély miatt, és telepatikusan tudatom velük, hogy felfogtam.

„Nem csinálhatjuk ezt a gondolatos dolgot ma este, mert kiborítja az újakat, szóval ne csináld ezt Jacob bácsi. És mostantól te is nagybácsi vagy, oké?"

„Igen srácok, felfogtam. Szerintem meg tudom csinálni, megteszem, amit tudok."

Ahogy bemegyünk a boltba, Ryan feláll és odajön hozzánk a tűzhelytől. „Gyere be Jacob és melegedj fel, a meteorológus szerint elég nagy vihar lesz itt." És rám kacsint. Úgy vélem ez azt jelenti, hogy én vagyok az időjós.

„Mi ez az illat Ryan? Lulah May híres levese? Van elég nekem és a fiúknak is?"

„Szerintem eleget csinált egy ismeretlen hadsereg számára, akik valamikor ma este érkeznek." Nevet, és az elméjével tudatja velem, hogy figyeljek oda a keresőkre.

Odamegyek a tűzhelyhez, és ott van két férfi és egy nő, a harmincas éveikben járnak. Kicsit megviseltnek és gondterheltnek tűnnek. A nő valószínűleg fiatalabb, kicsit zsíros a hosszú szőke haja, mintha nem mosta volna meg már egy ideje. Az egyik férfinak homokbarna hosszú haja van és hippi külseje, a másiknak fekete haja van és sötét bőre, úgy néz ki, mintha félig fekete lenne, és soha nem láttam még ilyen elképesztő kék szemeket, főleg nem olyan embernél, aki látszólag etnikai háttérrel rendelkezik. Óvatosan néznek rám és a fiúkra, és érzem a gondolataikat. Nagyon furcsán érzik magukat, nem tudják, hogy miért vannak itt, és valamilyen alkoholra vagy drogokra vágynak, hogy jobban érezhessék magukat. Odamegyek és a kezemet nyújtom a kék szeműnek. „Helló, Jacob Rayne vagyok, ők az unokaöcséim Rob and Roy, csak úgy néznek ki, mint az ikrek." A vicc megtöri a feszültséget, és mindhárman ellazulnak kicsit. „Hogy találtatok rá erre a helyre?"

Kék Szem előre dől és mosolyog, az édes lelke, amire a szemei is utaltak, az egyik legcsodálatosabb mosollyal tárul fel, amit valaha láttam. Ennek a fiatalembernek modellnek vagy színésznek kellene lennie, annyira gyönyörű. „Vicces vagy Mr. Rayne, én Alex vagyok, ő pedig Charlie, és a csinos kis szőke lány a titkos szerelme, Blossom."

„Alex szerintem te is vicces vagy, mert a kettejük között lévő energia annyira intenzív, hogy nem hinném, hogy túl nagy titok lenne."

Blossom mosolyog, és megháromszorozódik a vonzódás és a törődés energiája közte és Charlie között, és Blossom nyilvánvalóan hálás, hogy nem kell többé titkolózni. Azon tűnődöm, hogy vajon mi zajlik hármójuknál.

„Szeretnétek velem és az unokaöcséimmel vacsorázni? Egyszerű étel, de százmérföldes körzetben Lulah May a legjobb szakács, szóval nem érdemes kihagyni."

„Mr. Rayne, nem szeretnénk megzavarni a családi összejövetelt", mondja Alex, de tudom abból, ami a fejében van, hogy valójában ez nem így van, csak nem akarja elhinni, hogy egy idegen meghívja őket.

„Alex, Charlie, Blossom, megtiszteltetés lenne a fiúknak és nekem, ha velünk vacsoráznátok, lehet, hogy Lulah May és Ryan is velünk tart, de ígérjük, hogy a legjobb modorunkat vesszük elő, és nem fogunk a kis városunkról vad szellem- és kísértettörténeteket mesélni."

Csak a nevetésükre volt szükség válaszként, és Lulah May elővette a tányérokat és az evőeszközöket a finom vacsorához. A készülő kenyér illata életre keltette az ízlelőbimbókat, és csak céltalanul csacsogtunk egy órán át, amíg a vacsorát tálalták.

„Nem mondtátok még el, hogy hogyan lyukadtatok ki az univerzum ezen kihalt szegletében", mondja Ryan. Túl sok másodpercig morajlott a csend, mielőtt Alex megszólalt. „Blossom és Charlie szeretnének letelepedni, és normális életet élni, és azt gondolják, hogy az nem normális, amit az elmúlt tizenöt évben csináltak, és majd a házasság és gyerekek megoldják a sehova-nem-tartozás érzését, ami mindannyiunkat gyötör tizenéves korunk óta. Gúnyolódtam azon, hogy ez soha nem működik, és hogy kutyából nem lesz szalonna, és aztán kb. tíz percig csendben voltunk, majd megláttuk a táblát, hogy 'Needful (szükséges), a város, amit keresel', és szó nélkül megfordultunk, és itt találtuk magunkat. Tudom, hogy furán hangzik, de valahogy jó ötletnek tűnt, és Charlie vezetett, aki a Mr. Normális köztünk."

Látom a körülöttük kavargó energiából, hogy ők minden, ami azelőtt voltam, hogy ide jöttem, és duzzad a szívem a vágytól, hogy megmutassak nekik mindent, s a szükségtől, hogy csendben maradjak. Ryan azt gondolja, hogy „Ne most Jake", és rájövök, hogy hónapokkal ezelőtt hagytak nekem időt, és ez működött, tehát nyilvánvalóan tudják, hogyan vezessék rá az embereket a saját éberségükre.

Ahogy Lulah May feláll és leszedi az asztalt, azt mondja: „Jake, el tudnád szállásolni Alexet éjszakára? Csak egy szobám van, ami Charlie-é és Blossomé lesz, és neked van még egy szobád. Talán a fiúk addig betüzelhetnek ott, és felmelegíthetik a szobát a délről érkező vendégünk számára." És megtette, nem beszéltek arról, hogy dél Kaliforniából jöttek, de ő mégis bedobta, és oly módon, hogy a vendégek elkezdtek azon tűnődni, hogy vajon ők vagy a rendszámuk árulta el őket, vagy valami más van a dologban. Le vagyok nyűgözve, azon tűnődöm, hogy leszek-e valaha én is ilyen dörzsölt, amikor eljön az én időm. „Igen Lulah May, ez jó ötlet, Alex és mi fiúk az agglegény lakban. Jöhetünk reggel reggelizni?"

„Persze Jake, nyolc órára készen lesz."

„Jake" mondja Ryan, „beszélhetnénk egy pillanatra a verandán a dobozodról, amit kutattunk?"

„Persze Ryan." Kimegyünk a verandára, tündöklő fehérség békéjével és terével üvölt a csend. „Jake, egy kicsit számolgattam, hogy mennyi lehet az értéke az aranynak, amit találtál. Majdnem kétszázezret ér jelenleg."

Olyan hangosan nevetek, hogy esküszöm, eláll a hóesés, és hallgatja a nevetés által megtört békét. „Nos, azt hiszem, van elég ahhoz, hogy beindítsuk az autómat."

„Azt hiszem talán több pénzed lesz, mint korábban, szerinted is, Jake? Mellesleg, mi lenne, ha betenném a bankba neked, mindig csak egy keveset, hogy az adóhatóság ne vegye észre, és az exfeleséged sem, és úgy állítjuk be, hogy senki más ne tehesse rá a kezeit, csak te, hogy hangzik ez?" Érdekes, hogy a múltban az lett volna a paranoid nézőpontom, hogy nekem kell kontrollálnom ennyi pénzt, amikor ilyen könnyedén és bőséggel adja ezt a föld, akkor ez nem tűnik többé releváns és valós nézőpontnak. „Tökéletesen hangzik Ryan, köszönöm."

„Jobb, ha visszamegyünk és megnézzük, hogy mit csinál a banda."

Ahogy Ryan és én visszabújunk a bolt melegségébe, a fiúk épp azt ecsetelik Alexnek, hogy ha szeretné, akkor ráveszik Jake bácsit, hogy mondjon neki egy nagyon jó esti mesét, ami izgatottá és boldoggá teszi. Az elménk összekapcsolódásából megtudom, hogy a saját sztorimat fogom elmesélni. Készen állok én erre?

HUSZONÖTÖDIK FEJEZET

él órával később Alex és én eljövünk a boltból, a fiúk már
F előrementek tüzet gyújtani, mintha ott kellene lenniük
ahhoz, hogy ezt megtegyék. Ahogy sétálunk a gyengéden
szállingózó hóban, a cipőnk ropogása az egyetlen utalás arra,
hogy a föld bolygón vagyunk, Alex nagy levegőt vesz és sóhajt
egyet, a csend, mint nyers testamentum jelenik meg, a béke
hiányáról tanúskodik ennek a kedves embernek az életében
és az elméjében.

Ahogy bemegyünk a házba, a fiúk üzennek arról, hogy hogyan
mondjam el a történetem, nem úgy, mint egy önéletrajzot,
hanem mintha egy regény lehetséges cselekménye lenne.

„Alex, a fiúk ígértek neked egy történetet, szóval, ha
nem bánod, hogy a hintaszékben ülj a szobájukban,
amíg elmondom a sztorit, akkor szívesen látunk, vagy
megmutathatom a szobádat, és adhatok neked olvasnivalót."

„Azt hiszem Jacob, hogy inkább meghallgatom a történetet,
apukám mesélt nekem régen a náci Németország utáni
időkről, és arról, hogy mennyire kemény volt akkoriban.

Az esti mesék mindig olyan dolgokról szóltak, amiknek igaznak kellett volna lenniük, és néha igazak is voltak. Az apám német volt, anyám pedig ápolónő. Apám az USA-ban született az ötvenes években, de a szülei meg akartak bizonyosodni arról, hogy senki nem felejti el, hogy mi történt a nácikkal, és milyen volt a szenvedés Németország bukása után. Anyám családja délről származott, és Kaliforniába költöztek, hogy megszabaduljanak a polgárjogi mozgalom okozta előítéletektől. A hippi szerelmük idején születtem, és a keresztnevem valójában Dylan, de ez annyira hippi generációs, hogy a második nevemet használom inkább, hogy ne kelljen elviselnem a bosszantást."

Különös, hogy ez a fiatalember elmondott mindent, amit kérdezhettem volna egy rövid beszélgetés során. Ránézek a fiúkra, és a mosolyuk arra utal, hogy játszadoztak az elméjével. Odagondolom nekik, hogy jobb lenne, ha inkább tisztán tartanák az elméjét. A mosolyuk kiszélesedik. Nincs ilyen szerencsém.

„Nos Alex, a ma esti történet egy regény vagy színdarab ötletem, és nem is tudom, hogyan is csináljam ezt. A fiúk már hallották az elejét. Fiúk ott folytassam, ahol abbahagytuk, vagy mondjam újra Alex kedvéért?"

„Jake bácsi, imádtuk a tegnap esti történetet. Mi lenne, ha újra elmondanád, és ki is egészítheted még más részletekkel is a sztorit, és így Alex nem érzi majd, hogy lemaradt valamiről, s mi is élvezni fogjuk," mondja Rob.

Elkezdem elmesélni, hogy mi történt velem az elején. Egyes szám harmadik személyben mondom, mintha kívülről mesélnék magamról, és nem vonódok bele a körülményekbe. Körülbelül egy órán át mesélek, és úgy tűnik, hogy a fiúk elaludtak, és azt javaslom, hogy osonjunk ki a szobából.

Telepatikusan tudatták velem a fiúk, hogy elég volt ennyi mára ennek a keresőnek.

„Nos Alex, bizonyára fáradt vagy, szóval menj csak aludni."

„Igazából, beszélhetnénk egy kicsit Jake? A történeted felkavart néhány dolgot bennem."

„Persze Alex, miről szeretnél beszélni?"

„Nos, egész életemben úgy éreztem, hogy kell lennie egy olyan helynek, amiről meséltél, és mindig úgy éreztem, hogy amit elmondtál az 'erővel' rendelkező emberekről, más szót nem találtam rá, szóval, hogy ennek valóban léteznie kell. Hiszel ezekben a dolgokban, ezért hoztad össze így ezt a sztorit?"

„Határozottan hiszek abban, amit elmondtam, mi több, volt néhány deja vu tapasztalatom és telepatikus éberségem a sztorimmal párhuzamosan. Elvárom, hogy más elhiggye? Nem, csupán mindig is tudtam, hogy többnek kell lennie a világban, különben nem túl sok értelme van tovább élni."

„Én is így érzem Jake. Az elmúlt hat hónapban tervezgettem a halálomat, mert úgy tűnik, hogy nem találok semmit, ami örömet és boldogságot okoz nekem, és a leírás a főszereplőről és a házasságáról túl valóságos nekem. Ez az én életem. Az egyik oka annak, hogy Charlie és én veszekedtünk az ideúton, az volt, hogy azt várja, hogy Blossom legyen számára annak a boldogságnak a forrása, amit soha nem talált meg, csakúgy, mint én, és azt mondtam neki, hogy túl nagy teher ilyet Blossomra és a gyerekekre tenni. Hogy tudna bármi más boldoggá tenni, mint te önmagad?"

„Alex, ezt nagyon is felfogom és egyetértek. Az a helyzet, hogy mindent megtaláltam, amit egész életemben kerestem, és ez pont itt van, csak kérned kell."

„Jake, azt hiszem ideje lefeküdni."

HUSZONHATODIK FEJEZET

A következő napon a hó a városba rekesztette a keresőket, de nem úgy tűnt, hogy bánják. Reggeliztünk és ebédeltünk, és csodálattal figyeltem, ahogy Ryan és Lulah May bombákat ereget az univerzumukba, és emlékeket arról, hogy „a hely" koncepcióját hogyan terítették a lábaim elé, és hogy nekem kellett helyrehozni a dolgokat, és beléjük és az emberek közé illeszkednem.

Ahogy közeleg az éj, és beborít minket a hó a gyengéd csendjével, a fiúk kézen fogják Alexet és a házhoz vezetik. Azon tűnődöm, hogy vajon energetikailag mit tesznek vele, mert elkezd dülöngélni, mintha egy pohár bortól és a víztől berúgott volna. Szegény srác, fogalma sincs. De aztán emlékszem milyen volt néhány hónappal ezelőtt annak a szegény srácnak lenni, vagy az is lehet, hogy néhányszáz éve volt.

Bemegyünk a házba, s már ropog a tűz, és olyan meleg van, hogy majdnem le kell vetkőzni. Nevetek, ahogy Alex próbálja logikusan megfejteni, hogy hogyan lehetséges ez, mikor csak ücsörgött velem és a fiúkkal az elmúlt két órában, de vagy megtalálta benne a logikát, vagy máris elfogadja azt, amit nekem hetekig tartott kifürkészni. Természetesen én öregebb is voltam, meg sokkal cinikusabb, mint Alex.

A fiúk az ágyhoz szaladnak, és Alex követi őket, visszatekint, hogy jövök-e én is, majdnem érzem, hogy az elméje kapcsolódik az enyémmel, és utána megszakítja a kapcsolatot, és elindul fel a lépcsőn a szobába, amely megpecsételheti a sorsát.

Imádom, amikor ilyen drámai leszek, és azt gondolom, hogy hatalmas jelentőségű dolog zajlik, amikor lehet, csak egy újabb hópehely hullott le.

Ülök a székben és elkezdem leírni a pillanatot, amikor felismertem, hogy már jártam itt, és ismerem azt a személyt, akit Ruthnak hívnak, és beszélek arról, hogy ismerjük egymást, és a jelenlétről, és a vágy ajándékáról és lehetőségről, és felismerem, hogy van valaki a világon, aki képes átölelni a lényem, és üdvözöl az életében, úgy, mintha mindig is együtt lettünk volna. Ahogy befejezem ezt a történetet, az ikrek úgy tesznek, mintha aludnának, főleg a szex jeleneteknél, amiknek totálisan részesei voltak az elején. Ránézek Alexre, hogy megkérjem, hogy menjünk ki, és percekig nézem, ahogy ez a férfi csendesen sír, és úgy özönlenek a könnycseppek az arcáról, ahogy az eső a levelekről, gyűlölet vagy szükség nélkül, de talán valami nagyszerűbbtől erednek, ott az érzet arról, ami lehetségessé válhat.

Kimegyünk a szobából, ott a csendes éberség a fiatalság szükségeiről, vagy csak ezt mondjuk magunknak, hogy igazoljuk azt az érzékelést, ami most zajlott és zajlik. A könnyek csak ömlenek, és Alex nincs zavarban, inkább megkönnyebbül.

„Szóval, mi történik Alex?"

„Jake, most írtad le pontosan azt, amit legalább hat éve keresek. Az álom, amiről meséltél, nos, az elmúlt hat évben minden éjjel egy Jessie nevű lányt kerestem álmaimban, aki mindig hazahív, bár nagyjából soha nem tudom, hogy hol van ez az otthon, és keresem a fekete haját és a kék szemeit, amiktől az enyém élettelennek és fakónak tűnik, és érzem a medencéket és az érzeteket, és minden reggel úgy ébredek, hogy bárcsak ott lennék, ahol ő, és mindig vissza akarok menni aludni, hogy újra megtehessem. Hatévnyi nedves álmok és nem valóság. De csak a tudat, hogy valaki másnak is az a nézőpontja, hogy ez összejöhet, ez a legjobb dolog, amit az elmúlt években hallottam, és valahogy érvényesítve érzem magam oly módon, aminek egyáltalán semmi értelme nincs. De szeretném, ha tudnád, hogy ez a két este, és ez a történeted olyanok, mintha arról hallanék, aminek tudom, hogy léteznie kell, amit még soha senki nem állított a világon lehetségesnek, vagy lehetségesen igaznak. Remélem, hogy neked ajándékozhatom a múlhatatlan hálámat azért a békéért, amit az okoz, hogy tudom, hogy legalább egy olyan ember van a világon, aki hajlandó elhinni, hogy ami nekem igaz, az valóban igaz lehet. Köszönöm."

Ezzel elmegy aludni, és érzem, hogy valami nagyon fontos történt ma este, és ez a férfi csatlakozni fog a csoportunkhoz igencsak hamarosan. Vajon a többiek hogyan éreznek, és hirtelen tudom, hogy mind a hatvanheten hogyan fogják ezt fel, és tudatják velem, hogy a holnap megváltoztatja majd Alex és az én életemet is.

HUSZONHETEDIK FEJEZET

Reggel van, és abbamaradt a hóesés. A csend és a béke mélységesen megnyugtató. Hideg lesz ma, ennek megfelelően öltözök fel. Különös, hogy most már mindig fel vagyok készülve arra, ami történni fog minden nap, ébredéskor. Amikor állandóan a téged körbevevő minden éberségéből működsz, akkor nincsenek véletlenek, és ugyanakkor minden pillanat és minden nap teljessége folyamatos, a felfedezés kiterjedő öröme. Kinézek az ablakon és úgy tűnik, hogy a főutat megtisztították, de mivel nem hallottam semmilyen gépek hangját, s ismerem a csoport képességeit, rájövök, hogy valahogyan mozgásra invitálták a havat, valahogy úgy, ahogyan én invitáltam az aranyat, hogy meglátogasson.

A fiúk hirtelen ott vannak mellettem, megragadják a kezemet, és hirtelen a városon kívül vagyunk. Ott az édes T-bird-öm, és egy csinos lány ül a morajló autó anyósülésén, éjfekete haja és kék, nagyon kék szemei vannak. Ahogy a vezető oldalra sétálok, a járó autó úgy dorombol, mintha tigris lenne a tankban, amit annyira imádok, és olyan intenzitással árad a forróság a 'hölgyből', mint ahogy még soha. A lány kinyújtja a kezét és azt mondja: „Helló Jake, Jessica vagyok."

Szent szar, most már értem, hogy miért mondták mind a hatvanheten, hogy a mai nap megváltoztatja Alexet. Isten tudja, de megváltoztam én is. Rájövök, hogy ez a gyönyörű lány úgy néz ki, mint Norma Lea, és ahogy olvas a gondolataimban, pont olyan a nevetése, mint az anyukájáé. Óriási örömöt érzek, ahogy érzem, hogy milyen élete lesz Alexnek.

A fiúk eltűnnek és érzem, hogy felébresztik Alexet, és az ablakhoz viszik, hogy megmutassák neki, hogy mi van kint. Említettem az autót a „történetemben", és ahogy a ház felé vezetek, eltűnik a hó az utcáról, ahol „élek". A ház bejáratához megyünk az autóval, nyílik az ajtó és Alex kiviharzik a házból, mezítláb és boxeralsóban, a hideg nem is lehetséges a világában, ahogy az autó felé szalad, és ott áll Jessie, és átöleli a létezés cirógatásával, ami annyira intim és örömteli, hogy el akarok fordulni, és nem őket nézni, de nem tudok, és tudom, hogy nem lehet nem tudni azt, ahogyan éreznek, és a gondolatokat, amiket megosztanak egymással, olyan jelenléttel, amit elérni nekem hónapokba került. Alex kiemeli őt az autóból és távolabb megy az autótól és tőlem és a fiúktól, be a házba, ami a következő néhány hónapban a menedékük lesz.

„Nos, fiúk, szerintetek minden rendben lesz velük, és látjuk majd őket végül?"

A kuncogásuk és a szemük szikrázása megerősítés, hogy olyan dolgokat látnak és hallanak, amiket még én sem.

Beszállunk az autóba, és elviszem a fiúkat a boltba, a világukban lévő gyönyör ugyanúgy fellelkesít, mint amit akkor éltem át, amikor visszaadták az autómat. Ryan és Lulah May ott vannak Blossommal és Charlieval, a verandán állnak, s végignézték a történtek felét. A gondolataik olyanok, mintha óriás betűs könyvet olvasnál, és mindketten látták a lányt, Jessiet, és úgy tűnik, hogy Alex már sokat és részletesen mesélt róla, mert tudják, hogy mi zajlott le. Ryan tudatja velem, hogy megadták nekik a szükséges részleteket, és egész éjjel „a helyről" beszéltek, és ők is tudják, hogy mi lehetséges igazán, és elhagyják a normális szükségleteit az ajándékért, amik most lehetnek. Úgy érződik, hogy a világom 300 százalékkal kiterjedt amiatt, hogy ők hárman csatlakoznak a bandához, akik benépesítik „a helyet".

Oly furcsa módon növekedett meg az éberségem, amit nem tudok megmagyarázni, és hirtelen hallom, hogy sír a fiam, és a haragot, amit az anyukája rávetít, aminek semmi köze hozzá, és felismerem, hogy most el kell mennem, és vissza kell térnem hozzá, hogy élhessen és túlélje ezt.

Ruth gondolatai megtöltenek az invitálással, hogy térjek vissza hozzá. Annyira nem szeretnék elmenni, és mégis tudom, hogy muszáj. Semmilyen visszautasítás vagy hibáztatás nincs abban, ami van, ez az, ami van nekem most. Ő egy lenyűgöző kedvesség, aki ajándékoz nekem és magának és a csoportnak és „a helynek".

Gyűlölöm, hogy el kell mennem, de tudom, hogy muszáj, legalábbis számomra azzal, hogy gyereked van, egy olyan folyamatos hozzájáruláshoz köteleződsz el, aminek nincs vége, és ami mentes a gyűlölettől. Elkezdek imádkozni azért, hogy az édesanyja valahogy engedje meg, hogy velem lehessen, és érzem a horrort attól, amit tennem vagy mondanom kell neki azért, hogy meggondolja magát, olyan, mint a tűz, ami teljesen kimúl az áradástól, ami a házba zúdul.

Elkezd sisteregni, és olyan reménytelenül hal el, hogy nincs az a szél, vagy fa, vagy papír, ami életben tartaná. Hirtelen „a hely" minden tagjától érzem a lehetőségek támogatását, mely cafatokra szaggatja a bukás hajlandóságát a tudás javára, hogy mindent meg lehet változtatni, ha hajlandó vagy abból az örömből élni, amit a föld és az univerzum ajándékoz neked, és bármi is történjen, lesz valami, ami elvezet valamihez, ami nagyszerűbb, mint amit a tapasztalataink alapján igaznak vélhetünk az univerzum javára, ami megajándékoz minket azzal, amit kérünk, ha van bátorságunk kérni.

A bolt melletti pajtában parkolom le az autót, ami javítóműhely volt, és a fiúkkal együtt a boltba sétálunk.

Ryan és Lulah May azzal a bosszantó, tudálékos mosolyukkal mosolyognak, ami elárulja, hogy minden átment nekik, és azt az információt küldik, hogy el kell mennem Ruth-hoz, hogy elköszönjek. A fiúk megfogják a kezem, és a szükségesből „a helyre" olvadunk. Ott van az egész klán, mindannyian a törődés békéjét küldik nekem, és az éberséget arról, hogy ők is mindig tudják, hogy mit és mikor kell megtenniük.

Ruth megfogja a kezem, és elkezdünk a medencék felé menni, és a gondolatok közöttünk sokkal sebesebbek, és teljesebbek és nagylelkűbbek a lehetőségeikben, mint ezt valaha lehetségesnek tudtam. Tudom, hogy hiányozni fognak ezek a pillanatok, és ugyanakkor arra is rájövök, hogy ez nem igazán lehetséges. Az igazság az, hogy ez a fajta kapcsolódás túllépi az idő és tér határait, és ajándékoz azoknak, akik teljes könnyedséggel befogadnak, bármikor, amikor szükségük van rá. Olyan, mint egy telepatikus „szükség és behúzás" a léleknek.

HUSZONNYOLCADIK FEJEZET

A napot azzal töltjük, hogy az erdőben sétálunk, élvezzük a napsütést és a tél csípős levegőjét, és most visszajöttünk a kis házikómba. Ropog a tűz, és az ágy készen áll nekünk. Tudom, és ő is tudja, hogy lehet, ez az utolsó együtt töltött éjszakánk, ó Istenem, tarthatna örökké?

Lefekszik az ágyra, a testéről egy láthatatlan kéz által kérésemre lehullanak a ruhái. Az én ruháim a földre zuhannak, és kérésére kilépek belőlük. Mellé ülök az ágyon, és arra vágyom, hogy a lénye minden rostjával feltöltődjek, elkezdem a kezeimet a teste fölé tenni, és megérinteni az energiát, ami ő. Az intenzív vágy, hogy magamban érezzem őt, nem csak a testemben, megmagyarázhatatlan fájdalommal tölt el. Kb. egy hüvelykkel a teste fölött elkezdem megérinteni és cirógatni az energiáját, és megváltozik a szoba sötétsége, ahogy a villámcsapások elektromos íve kilövell a testéből a kezembe, és az elektromosság feltüzeli a testem elektromosságát vággyal, hogy birtokolhassam azt az édes élet szikráját bennem és a testemben. A sötétben ívelő elektromos szikrák kék árnyakat vetnek körénk a levegőben, és mindketten érezzük a vágyat, hogy összeérintsük a testeinket, és hogy újra a totális orgazmus egységközösségében legyünk, ami nagyszerűbb a testnél, és több, mint a föld. Folytatom az egész teste cirógatását, és a villámok egyre nagyobb és nagyobb izgalommal töltenek el, és a testünk elkezd saját ritmusában vibrálni. A megkövetelés és a szükség, hogy összerakjuk a testeinket növekszik, és elmossa a pillanatokat, ami elhúzódik és kiterjed. Apró orgazmusok ringatják a testét, ahogy a „szükség és behúzás" egyre erősebb elektromos hullámokat áraszt az ő testéből az enyémbe. Már majdnem egy órája vagyunk így, és egyre inkább összekapcsol minket az elektromosság, mintha semmi más nem lennénk, csak többezer atomfúzió, amik összekapcsolódnak, hogy kiterjesszék az energiánkat és a testünket.

Végül már egyikünk sem képes tovább várni, a teste fölé emelkedek, és ahogy közeledek a zamatos terességhez, amit eddig még nem is érintettem, egy villámcsapás robban ki az egész testemből, és simogatja az egész testét olyan tűzviharral, ami az egyik végünkből tombol a másikba, és belé hatolok, és felrobbanok egy olyan orgazmussal, ami mindkettőnket az univerzum másik végébe repít és vissza, és sikítva üvöltünk – és szinkronban vagyunk – a farkasokkal, és a sakálokkal, és az éj madaraival, és minden élő lélegző sziklával, és fával és hópehellyel a világon.

HUSZONKILENCEDIK FEJEZET

R eggel van és a fiúk eljöttek, hogy elvigyenek engem és Rutht a bolthoz és az autómhoz. Felmegyünk a lépcsőn a boltba, és a szívem telve is van és feldúlt is amiatt, amit itt kell hagynom, és az ő törődése megtízszerezi a vágyakozásom.

Ryan egy csomaggal jön oda hozzám. „Itt van húszezer a pénzedből, ne aggódj, nem rabolhatnak ki, ha éber vagy, és ha hallod mindenki gondolatait. Hamarabb találkozunk majd, mint gondolnád, és „a hely" hívni fog, amikor itt az ideje visszatérned. Van itt egy kis étel is, ami Lulah May szerint felvidít majd. Ne aggódj barátom, ismered a „szükség és behúzást", és ez mindig meg fog menteni." Megnevetteti a lelkem a tömeg buja mosolya. Mily furcsa tudni, hogy nincsenek titkok és titkos pillanatok ezek előtt a csodálatos emberek előtt.

Alex és Jessie belépnek a boltba. Látom az arcukon, hogy ők is élvezték az előző éjjelem pillanatait.

„Jake, köszi a tegnap esti tanítást. Az esti meséd megrendezett volt, már értem, igen, sokat segített abban, hogy belemerülhessek a tegnap esti mókába. Úgy tűnik, hogy nem csak nekünk volt szerencsénk élvezni a tegnap éjjelt."

Megnyugtató a csoport nevetése, olyan, mint mikor a barátaidnak bejön egy obszcén vicc, de még attól is jobb.

Tudom, hogy ideje indulnom. Köszönés nélkül megfordulok, mert nincs befejezés akkor, amikor ilyen kapcsolódásban vagytok, és az autóhoz sétálok. Az újdonság gyöngyörűségével indul, és finoman és gyengéden bezárul az ajtó. Kitolatok a garázsból és megfordulok, hogy elindulhassak az úton oda, ahova nem tartozom, távol mindentől, ami megadta nekem önmagamat.

Ahogy elhaladok a bolt mellett, mindenki integet nekem, nem az elköszönés és búcsú integetése ez, hanem inkább annak az érzékeltetése, hogy minden nagyszerűbben fog menni. Ruth nem könnyezik, csupán édes, örömteli nyugalom van benne, ami táplálta a lelkem a találkozásunk első pillanatától fogva.

Ahogy vezetek a friss hó puhaságában, és nézem, ahogy a fenyő tűlevelei jeges szépségpermetet szitálnak a zajló jégre, érzem Ruth és a többiek ajándékát, és azt, hogy kapcsolódik velem „a hely", és mindenhez, amivé váltam, és mindenhez, ami vagyok, ami mindig hiányzott, mielőtt idejöttem. Tudom, hogy soha nem felejtem el, és úgy fogom látni, mint az időt, amikor megtaláltam önmagam és minden lehetőségét a világban, ami mostantól az életem része. „Viszlát édes emberek, köszönöm az ajándékot, amit nekem adtatok. Önmagatok ajándékát, és annak az ajándékát, ami igazán lehetséges az életben, és még inkább önmagam ajándékát."

HARMINCADIK FEJEZET

Ruth a verandán áll, mikor Jacob elmegy, mosoly terül el az arcán, ahogy érzi Jacob búcsúját. A keze megpihen a hasán, és gyengéden megsimogatja. „Köszönöm Jacob az ajándékot, ami vagy, és az ajándékot, amit nekem adtál. Remélem valamikor találkozol az új fiaddal, de ő most az enyém, és Mennydörgésnek fogom nevezni."

Nevet és hallják a többiek, és vele együtt nevetnek. A titok, csak nekik, csak buliból, és nem mondjuk el senkinek.

Vége, egyelőre ...

Milton Keynes UK
Ingram Content Group UK Ltd.
UKHW041415211123
432978UK00001B/26

9 781634 934794